股海老牛

最新 殖利率上看 8% 緊股名單

高殖利率股、金身不倒股、步步高升股、落難龍頭股，跟著老牛緊緊抱，提早財富自由

股海老牛 著

百萬財經部落客、《股海老牛》YouTube 頻道半年高達40萬人次瀏覽、凱基樂活投資誌、PressPlay 訂閱知識平臺等財經專欄作家

CONTENTS

CONTENTS

推薦序一

大道至簡，這就是老手的日常

《一個投機者的告白實戰書》作者／安納金

　　一年多前為股海老牛的第一本著作《股海老牛專挑抱緊股，穩穩賺 100%》（2019 年 5 月出版）撰寫推薦序時，我相當讚賞其「抱、緊、處、理」的四大投資原則。認同之處，並不在於探討任何複雜的分析判斷方法或者犀利的進出操作技巧，相反的，他的方法簡單易懂、務實可行，而且人人都可以輕鬆上手。如今，有機會再為他的第二本著作撰寫推薦序，我倍感榮幸！

　　相較於前一本著作，本書更偏重於實戰，而股海老牛對於個股的投資週期及進出的頻率，和我相近；我們擇股較偏重「波段操作」，秉持的原則是當看好一家公司而買進持股時，持有時間往往可以長達兩、三年或更久。這相較只買不賣、年年領股息為主的「存股」尚有不同之處，重點在倘若買進理由不復存在，我們當下立判，是會隨即反手賣出的（通常是獲利離場、也可能是停損出場，不計較股價盈虧，所看重的是個股營運狀況是否已經轉變），也就是說不能只著重於股息，而忽略了未來前景。

　　股價的價差以及營運展望，對於擇股的重要性並不亞於股息

收益，我們重視的是將配息收益和股價的變動合併計算的「總報酬」。以此定義投資模式，股票至少須持有達一年以上，計算總報酬才具意義，也因此，通常我們衡量績效的標準是以「年度」來計。在此書開頭的作者自序當中，讀者也可以經由股海老牛針對 2019 年度的選股績效，在總回顧與檢視中得到驗證。

我推薦本書的另一原因，是作者由淺入深的指引方式，能幫助剛接觸股市不久的新手很快進入狀況，例如前三章都有「老牛小教室」，指導新手了解一些常見的股市用語或重要現象。第四章則是針對他常用的幾種選股判斷方法，提供了不少案例來解析，沒有複雜的計算，而是要把很基本的原理原則，計算熟練到成為一種投資習慣，甚至可以說是內化成本能、直覺的一部分。

實際上，許多老手績效卓著，年年超越大盤表現（所謂大盤指數也就代表整體市場的平均值），並不是因為有多麼複雜的分析軟體或計量模型，也未必裝設最昂貴的電腦設備、同時盯著好幾臺螢幕（那普遍是操作期貨、選擇權，或個股當沖的短線交易客才如此）；相反的，老手們則是日復一日、反覆練習自己熟悉的方法，**所謂的「老手直覺」，就是在這種長期刻意練習下所產生的一種本能反應罷了。**有了這一層正確認知，再開始閱讀股海老牛的著作，你將會發覺原來許多描述輕鬆簡單的方法和原則，其實都是老手經過多年經驗的汰弱留強，最後想告訴你的。

大道至簡，這就是老手的日常，簡單而淡然自若。祝你也能在股海當中優游自在，享受歲月靜好的人生。

願善良、紀律、智慧與你我同在！

推薦序二

抱緊處理不再是口號

台股生活投資領航者／許凱迪（阿格力）

　　抱緊處理是存股族的信念，但往往是買股前的決心嚇死人，持股後賣出的速度笑死人。為什麼會有這樣嚴重的前後落差呢？其實問題就出在存股是一種投資學派，散戶朋友理解「心法」後，卻忘了還要有「做法」。大家可以接受一張股票要持有 20 年的價值存股信仰，但有信念還不夠，更重要的是如何挑選到適合長期投資的公司，這就是決勝的關鍵。

　　老牛這本書提供了治療投資人存股盲點的良藥，其中最重要的就是了解產業特性，才能找到對應的投資策略。舉例來說，本益比河流圖是許多投資人都懂的基本面估值方式，但為什麼股票還是會容易買貴？關鍵就出在一項指標並不適用於所有類股，不過在臺灣教育講求標準答案的茶毒下，投資人還真的不會活用指標。本益比河流圖的基礎就是 EPS（每股盈餘），所以當一家公司的盈餘不穩定時，自然不適用這樣的估值方式。

　　本書中就提醒像是鋼鐵與營建這類有景氣循環的公司，由於 EPS 每年容易大起大落，所以不適用河流圖來看；相反的，反而

該透過產業的特性，採用「買高本益比，賣低本益比」來操作。除此之外，老牛提出價值陷阱的概念，提醒讀者識別個股本益比河流圖中的價值陷阱——當河流趨勢往下，代表這是一家衰退的公司，因此買在衰退公司的合理或便宜價時，往往日後會變成昂貴價，光這個觀念就值得長期投資人細細品味。

讀者朋友一定挑過蘋果，我相信很多人挑蘋果可能比挑股票還認真，所以為什麼不用挑蘋果的方式來慎選股票？老牛提到蘋果選股法，我覺得非常有道理，包括見其色（看股價表現）、嘗其味（研究營運與財報）與觀其型（找時機買進）。相信大家熟悉本益比河流圖後，就可以做好見其色與觀其型，因此做好營運與財報的研究就相當重要，本書也有提供初步方向，讓大家得以入門，避免努力錯方向。

說實話，要一般投資人搞懂財報（資產負債表、損益表以及現金流量表），實在是相當困難，但老牛準備的財報檢查表就涵蓋了這些面向。從 EPS、近 5 年現金流量、ROE、營業利益率到負債比等，其實濃縮了三大表的重中之重，幫讀者在自行選股時有參考的研究方向。

總結來說，本書提供了產業特性、估值與財務檢查這三大面向，讀完後相信可以讓很多存股族的抱緊處理不再是口號，準備邁向財富自由。

推薦序三

「抱緊處理」經驗談，
我自己一抱就是 15 年

《流浪教師存零股存到 3000 萬》作者／華倫老師

非常開心，股海老牛又推出了新作，當然也有新股票要推薦給各位投資大眾。

打從進入股市以來，我看過的投資書籍也不下百本，當中最容易做到、而且又真的能累積財富的，莫過於股神華倫‧巴菲特（Warren Buffett）的投資原則。巴菲特把買股票當成是經營一家公司在看，只要公司沒有問題，就盡可能的長期持有；他喜歡在好公司遇到倒楣事的時候買進股票，比如：美國運通（American Express）碰到沙拉油醜聞案、高盛集團（The Goldman Sachs Group）遇到金融海嘯……當大家都恐懼的時候，巴菲特就會出手買進。

（按：美國運通曾向大量沙拉油公司提供貸款，之後卻發現公司偽造了它們製造的沙拉油產量，導致美國運通股價下跌了50％。但巴菲特發現消費者的付款情況，仍大都用美國運通卡刷卡消費，而旅行社也繼續接受美國運通的支票，因此他出手買進

美國運通股票，之後股價果然如其預期的大幅回升。）

　　這和老牛的投資原則完全一樣。老牛算是價值投資基本教義派的實踐者，他強調好公司要抱緊處理，喜歡在好公司遇到倒楣事時買進股票，比方說 2017 年耐吉（Nike）營運表現不佳，讓國內製鞋代工大廠豐泰（9910）股價修正到 140 元左右；大立光（3008）在 2017 年從 6,000 元高點腰斬至 3,000 元左右，老牛卻勇敢承接，短短幾年時間，獲利就接近翻倍。

　　大家有沒有想過投資股票的目的到底是什麼？是每天做當沖、玩短線來練心臟嗎？大家有沒有設一個目標呢？你想要投資多少年來達到財富自由？你有沒有想過，賺 3%、5%、10%，對存摺上的數字完全沒什麼幫助；事實上，你必須要賺 3 倍、5 倍、10 倍，才會改變人生。

　　老牛說頻繁交易當沖，會讓你口袋空空，這一點也不為過，怎麼說呢？假設你每個月交易買賣一次，扣除手續費 0.1425％ 兩次（買賣各一）和證交稅 0.3％ 一次（賣出時收取），持續一年後，你就要損失原始本金約 7% 的費用；假設你每週交易兩次，一年後，你將損失快 60% 的摩擦成本。做短線還沒賺錢就先虧 60%，除非你有神人的操作技巧才有辦法賺錢。

　　那請問如果每天交易一次呢？長期下來損失的費用是不是更可怕？這也就是為什麼我剛出社會做短線 5 年，結果無法累積財富的原因了。

　　後來我持有好股票長達 15 年的時間，財富迅速累積，股價市值從最初的 116 萬元，到現在已經突破 4,800 萬元，我也達到

財富自由。過去 15 年來，和我一樣長期持股的投資人不多，所以當我看到股海老牛，我就覺得遇到知音了。

本書與讀者分享股海老牛多年來的投資經驗：什麼是老牛價值投資心法？如何堅定投資紀律？如何衡量投資風險？如何發現好股票的邏輯？還有合理股價的評估方式，教你如何停利停損，以及小資族必勝的零股投資術。想要打造穩中求勝的投資組合，就用老牛這四字心法——「抱緊處理」，然後迎接財富自由……你怎麼能錯過這一本書呢？

推薦序四

穩健投資，財報是你的好朋友

「資工心理人的理財筆記」粉專版主／洪碩廷

　　許多人進入市場都是想賺錢，但常常越投資反而賠了越多錢。其實做好投資並不難，難的是很多人以為自己在投資，事實上是在投機，買賣股票的決策往往來自於新聞報導，或是身邊人的小道消息，僅憑此就衝進市場殺進殺出，結果通常都不會太好。那有什麼方法可以讓人在投資上趨吉避凶呢？

　　股海老牛運用財報分析，在投資公司之前先估價好，讓自己立於相對安穩的位置，而當你知道自己為何而買時，不管市場如何波動，你都能夠有自己規畫好的決策。

　　投資人最常賠錢在沒有計畫的買進與賣出，要是你當初根本就不知道為何買進某支標的，那市場劇烈波動的時候，就有可能做出錯誤的決策。如果公司經營已經出現狀況，這時選擇向下攤平，只會變成向下躺平睡公園；如果公司獲利依然穩健，而你因為市場波動造成的短期下跌選擇賣出的話，往往在賣出之後，只會看著股價上漲，再也不回頭。

　　財報不是絕對的聖杯，不過它可以讓你少犯很多錯，而在投

資市場犯越少錯，意味著能夠獲利的機會越多；但如果你常常犯錯，財務可能就會越來越不自由。

在 2020 年 3 月股市急劇的 V 轉（V 型反轉，指趨勢快速反轉，3 月時因疫情關係股市大跌）後，有許多新手投入市場，而這段期間，很多人自認為「股神」，因為怎麼買怎麼賺，但在這種短期快速賺錢的機緣下，會讓人無法分辨究竟是自己真的有實力，抑或只是剛好成了站在浪頭上的豬？

若是沒有經歷過 2020 年 2 月到 3 月的好幾次熔斷（暫停交易），投資順風順水，很可能讓人忽視市場急劇波動帶來的心理壓力，以及對投資決策的影響。當遇到股市危機，容易將自己原有的投資決策拋諸腦後，只想趕快出場；這是人的自我防衛機制，在遠古時期能幫助我們遠離危險（例如看到獅子要趕快跑），但在現代市場上，卻容易讓我們做出錯誤的投資決策。

人如果沒有經歷過風險，往往會忽視風險，等到風險來臨時才手忙腳亂的想要避險，套一句上流哥的話：「避險是風險來臨前就要做的，風險來臨時才避險不是避險，那叫做收屍。」

股海老牛用了一整個章節來談如何控制風險、如何在下跌時評估與安穩加碼，並認知自己的投資屬性。主動投資的過程中，了解自己很重要，畢竟投資屬性（面對風險的態度）不同，投資決策就不同，沒有最好的方法，只有最適合自己的方法，此外搭配低風險與低相關的投資組合配置，就能讓自己立於安全之地。

祝福每一位讀者都能找到適合自己的投資方式，並且規畫好投資組合，在下一波風浪來襲時才能抱緊好股，安穩度過危機。

推薦序五

控制風險、與風險共舞，
追求最大勝率

「大A的股讀與生活筆記 Good-Do」粉專版主／大 A

　　股票市場令人著迷之處，在於市場表現的多變動性，也就是股價的表現，存在著非常多的不確定性。

　　市場走勢常常在投資人覺得應該往哪個方向走的預測當中，往相反的方向表現，個別股票的價格走勢，又常常迴異於市場走勢，有不同的形態表現。稍有經驗的投資人一定對這樣的經驗不陌生：自己的股票買進後不漲，賣掉後變飆股；或者沒買時天天漲，買進後日日跌。

　　學術或者實戰上來說，不確定性所代表的意義，就是我們常說的風險。風險對於投資人而言，是個討厭的敵人，卻也是親密的伴侶。許多投資大師的著作有個共同點：投資績效的好壞，取決於如何跟這些風險共舞、趁勢起落，追求最大勝率。因此讀者也許會注意到一些投資書籍當中，不論是講投機或者論述投資的方法，整個思考真正的核心精神，皆為如何管理與盡可能的控制風險，差別只在於說故事的能力或表達形式。

無論如何，一本好的投資參考書籍，都是希望藉由不同的成功或失敗例子，鑑往知來，讓讀者能夠獲得更多思考方向與心得重點。在這些有益的投資書籍中，其實也有許多相似之處，主要重點包含了該如何挑選好股票？買進時機？賣出時機？如何長期持有？資金如何配置？等。

　　本書作者在前一本著作《股海老牛專挑抱緊股，穩穩賺100%》提出抱、緊、處、理這四大心法，具體論述了作者本身的投資哲學。標的選股是整個股票投資最重要也最難的部分，需要下苦功去練習，包含財報閱讀、財務分析、產業研究、競爭分析、成長潛力等，許多面向不同而深入的作業。在本書，作者更用心列舉了實戰例子，並分享長期持有的心理思考方式，盡可能把其實一點都不簡單的持股與選股邏輯簡單化。

　　此外，在風險控管中占有非常重要因素的投資組合，作者亦從數個構面舉例表達，希望能夠協助已有一些經驗的投資人，以及剛要進入市場的新鮮人，有個投資布局思考方式得以參考。

　　對於書中提到的持股組合，讀者可以先了解股海老牛的思考邏輯與過程，再比對自己目前的投資方式與布局，從而精進自己的投資方式，或者針對有所牴觸或衝突之處，思考相異點在哪裡，也許可以試著修正。

　　一本書是一個作者對自己生命過程中一段時間的註記。對於作者投資思考的心得分享，我個人傾向以開放的態度，取其優點加以吸收內化。對於持股選擇是好是壞，則用市場機制來解釋：股票能夠有成交量跟價，就是有人買進，有人賣出；買跟賣形成

的市場，造就了我們的投資活動，也形成了我們投資部位的賺與賠，市場就是如此變動不止，絕對的好或壞都是後話。

　　整體而言，不管想法異同，本書都值得讀者參考，思考自身的投資方式是否有改進之處，藉由書的力量變得更好。

推薦序六

頻頻大幅動作≠認真，
投資小心多做多錯

《我畢業五年，用 ETF 賺到 400 萬》作者／蔡至誠
（PG 財經筆記）

提早財富自由的人，都有項共同特色——善用股票投資，增加理財收入。

投資的本質是讓我們的錢搭上時光機，期盼未來能夠增長，而股票就是最適合大家搭乘的交通工具，可惜這輛車並非總是平穩，相反的還十分顛簸，常常導致乘客心驚驚、頻跳車。

股市充滿不確定，每個人都希望在這渾沌市場中，找出自己的獲利方舟，而總結各家經驗，我們會逐漸發現，原來成功投資人都有的特質是：臨危不亂，耐心等待。

其實，獲利往往是等出來的。

班．卡爾森（Ben Carlson）在著作《投資前最重要的事》（*A Wealth of Common Sense*）分享：「散戶投資者必須知道，無論金融界出現了多少創新，耐心永遠是金融市場上最強大的致富之道。再好的操作，都不應該將其重要性置於長期之上。事實

上，散戶投資者勝過專業投資者的其中一點，就是他們可以等待的能力。」

長抱股票，需要耐心等待，看準了抱緊處理，等待市場給予的報酬率。可惜的是在過去 60 年裡，幾乎每隔 10 年，股票持有的平均期間就縮減為近乎一半。

隨著交易越來越容易、手續費越來越低、財經新聞越來越多，股票持有期間顯著縮水；投資人也隨著社群媒體、財經資訊的爆炸性增長，變得越來越沒有耐心，不願意長期擁抱股票資產。但是，我們該知道股票是產生正向現金流的資產，持有期間和獲利為正相關，亦即有耐心的持有者，其獲得的回報往往更多。抱緊期間，我們也需要安全帶保護自己，面臨震盪，什麼都不用做，一樣坐好坐滿，耐心等候。

有學者曾檢驗足球守門員在必須擋下罰球時所出現的舉動，他們觀察了 311 次罰球後，發現在 94% 的射門裡，守門員會大幅撲向左邊或右邊。那這樣有比較好嗎？並沒有。

相較之下，攻擊方射門位置的分布非常平均：三分之一朝右邊，三分之一朝左邊，三分之一是直直往中間踢去。正因如此，在攻擊方射門時，停守在球門中間的守門員，有六成的機會能擋下球，機率遠比衝向左右兩邊來得高。

為什麼足球守門員會想撲左撲右呢？從旁觀者角度想，想必是希望守門員「認真比賽」對吧？而有大幅動作較容易給人認真的感覺。心理學家形容此種不顧高風險，投注大量精力的傾向為「行動偏誤」（action bias）。

　　放到投資來看，常見的行動偏誤，正是面臨震盪時想做什麼（do something），偏偏多做多錯，損害自身報酬。

　　我們學習投資理論外，更重要的是掌握投資心法，老牛在本書分享他的獲利心法──「抱緊處理」，包含：長抱股票、合理價格買進資產、面臨上下震盪處變不驚、理智配置投資組合等，足供讀者借鏡，培養正確的投資行為。

　　不管是何種投資方式，都有其適合之人，期盼各位透過本書，逐步找出自己心安的財富方舟。

自序

20 檔抱緊股，台股大跌我照賺

大家好，我是老牛，你 2020 年的股票也抱緊處理了嗎？那我要恭喜你，離財務自由更接近一步了！

我在前一本著作《股海老牛專挑抱緊股，穩穩賺 100％》中，提出了抱緊處理的四大心法，分別為：

「抱」：挑到好公司就要一直抱著。

「緊」：以好價格買進才抱得緊。

「處」：上下震盪能處變不驚，不敗在情緒。

「理」：理智配置投資組合，順勢加減碼。

這四大心法，是我閱讀大量投資理財書籍，並且透過實務股市交易經驗孕育而生。這四大心法都屬獲利關鍵，缺一不可。投資朋友只要從抱緊處理心法出發，就可以穩定淘金、獲利滿滿。

為什麼我可以說得如此自信？就先從股市動盪的 2018 年說起吧！2018 年對投資人而言，是相當考驗的一年，自金融風暴以來台股已連續上漲 10 年，在站穩萬點之後，許多投資人開始放下戒心，所以在遭逢「中美貿易戰」、「美債倒掛」等政經因素影響之後，台股不但跌破萬點（10 月），更讓許多投資人不

堪連連虧損而畢業出場。

而我在 2018 年買進落難的股王大立光（3008），當時它的股價從 2017 年的最高價 6,075 元，腰斬至近 3,000 元，我在 3,500 元這個相對低點進場，賣在 5,000 元附近的高點，報酬率超過 40％；又如製鞋三雄之一的豐泰（9910），趁著它股價跌至近年新低點，我在 140 元陸續買進、長期持有，並於 2018 年以 200 元出場；再加上長期投資的金融股的股利，貢獻不少穩健收益，使我在 2018 年股災時不僅能全身而退，更讓自己的持股總值刷新紀錄。

此外，在上一本書中，我選出了 20 檔成長及價值兼具的潛力股，讓讀者學到抱緊處理的心法後，能夠依照個股屬性及風險承擔能力，從中挑選出適合自己投資屬性的個股，建構專屬的投資組合。

這 20 家公司，涵蓋了傳統產業的化工、塑膠、油電燃氣、金融，還有高科技的資訊業及半導體產業。後來這 20 檔個股在 2019 年時，大多數公司的盈餘表現都相當不錯，連帶股價也繳出了不錯的成績單。

其中令我印象最深刻的是這 3 檔個股：

1. 玉山金（2884）：玉山金被我列為獲利高成長且股價被低估的「價值成長股」之一，2019 年受惠於**信用卡與財富管理業務**雙成長引擎的推動，全年獲利破 200 億元，不僅獲利持續成長，更是自 2011 年起，連續 8 年創新高。無怪乎 2019年**出現 38.8% 的漲勢**，可說是 2019 年最夯的金融股。

2. 華固（2548）：華固被我列為市場會給予價差回報的「成長股」之一。在臺北市兩大建案的貢獻下，2019 年全年營收為 198.2 億元，年增逾 3 倍，不僅稅後盈餘創下歷史新高（31.4 億元），倘若你是在 74 元附近買進的話，還可以領到 7.5 元的現金股利，換算殖利率（股利÷股價）高達 10%，股價也出現 36% 的漲幅，可說是相當划算的一筆交易。

3. 帆宣（6196）：帆宣也被我列為獲利高成長且股價相對被低估的「價值成長股」之一，在 2019 年上半年仍然受到中美貿易戰的干擾，訂單金額能見度不高；但隨著半導體產業景氣在下半年回升，身為台積電的「好朋友」，光吃台積電的設備訂單就能讓營收回溫，股價也吹響反擊的號角，出現 78.9% 的漲幅，在 2020 年更是突破百元大關。如果投資人有抱緊緊的話，報酬率已經穩穩的突破 100%。

儘管我心目中較為穩健的 20 檔抱緊股，大部分在 2019 年表現不俗，但其中仍有 3 檔個股讓我擔心：

1. 花仙子（1730）：主要生產清潔用品的花仙子，一直以來都是屬於穩健成長型的好公司，不過因為在前一年代理瑞士鑽石鍋，打入全聯集點活動而大受歡迎，業績一下衝得太猛，股價也隨著營收一路高漲；所以活動結束之後，營收接連出現大幅下滑的狀況，不僅遭到市場降低評等，股價也從 9 字頭沿路下跌，修正到 70 元左右。但恰好在新冠肺炎時，沾到防疫題材，股價又再一路飛高高。我自己雖然沒有賣在創新高的 98 元，但該賺到

的 30% 還是順利放進口袋。

2. 超豐（2441）：它也是屬於獲利績優的一家公司，2018 年時公司認為超豐能從「比特幣」題材挖到寶，結果在虛擬幣退燒之後，營收與獲利雙雙減少，股價也連帶下滑，甚至一度跌破 40 元大關。然而我偏好的就是這種因為一時「失誤」，股價掉到便宜價的好公司。觀察了解這家公司的獲利情況後，我選擇買進安心抱緊，其 2019 年年均殖利率 5.02%，比大多數的公司都好，趁著便宜價時買進，真的能夠抱更緊。而超豐股價也在 2019 年下半年，回到正常軌道上。

3. 文曄（3036）：一定要把文曄放在最後講。當時我看上它在 2017 年及 2018 年，平均股東權益報酬率（ROE，淨利÷股東權益）約 13.5%，屬於高獲利型公司（ROE＞10% 就屬於營運良好的公司），其平均現金股利殖利率約 6%，應當是良好的財務投資標的。

但令人想不透的是，它在營收屢創新高的同時，股價卻反向往下，結果屋漏偏逢連夜雨，文曄又因為遭逢代理商德州儀器收回代理權，股價再被壓到谷底。但強運如我，居然碰到大聯大（3702）突然宣布以 45.8 元收購文曄，股價也衝到收購價附近，不僅讓我脫離被套牢的窘境，還順勢小賺脫手。「強運」兩個字實為自我嘲諷，居然在文曄股價被重擊後出現逆轉，運氣成分著實很高。還是要告訴大家，投資得腳踏實地穩健前行，只憑藉運氣，並不能讓你在股市中走得長遠。

　　我選出的這 20 家公司，都具備「獲利穩定」的真確條件，其他表現請見下頁圖表 0-1，整體來看股價趨勢都是上漲的；雖然國泰金（2882）因壽險業的增資壓力導致股價表現不盡理想、群益期（6024）也因獲利下滑而市場評價自然調降，兩者漲跌幅為負值，但公司仍正常營運中，其年均殖利率都不差，投資人能領到不錯的股利，不至於虧損過多。

　　營運良好的公司不會被疫情打垮、不會被金融風暴擊倒、更不會被中美貿易戰給拖累，反而能在這一次次的挑戰中越發成長、更加茁壯，所以我希望各位夥伴，一定要記住「價值投資」這項投資必勝準則。

　　後來，2019 年的漲勢，又將台股指數推至 29 年新高，也將我的投資績效推到另一個極限值。只是瞬間而來的 2020 年新冠肺炎股災，使各國股市慘不忍睹，美股崩跌 30%，再附贈 4 次熔斷（在股市交易時間內，當價格波動幅度達到某個限度，就會暫停交易一段時間），台股也在 3 月跌落萬點神壇、狂殺 24%；沒想到一個月後，台股竟又站回萬點之上。這一來一往，到底投資人看到什麼，又學到什麼？只有自己最清楚。

　　出版第一本著作時，我的目標是讓大家先從抱緊處理的投資心法開始，練好內功、打好根基，才能無畏無懼；本書方向是更進一步以實戰角度出發，加以應用於投資股市。

　　透過這第二本書，我會深入淺出說明幾個投資重點：

　　1. 建立正確的投資態度。

　　2. 如何分析財報數據。

圖表 0-1　2019 年，老牛精挑 20 檔潛力股及其表現

名稱（代號）	產業別	股價趨勢（元）	漲跌幅（%）	2019 年年均殖利率（%）	屬性
統一（1216）	食品工業	69.8 →74.2	6.3	3.3	成長股
聯華（1229）	食品工業	29.65 →36.95	24.6	4.62	價值股
東陽（1319）	塑膠工業	36.85 →46.65	26.6	3.89	價值股
花仙子（1730）	化學工業	64.2 →73.2	14	4.6	價值成長股
英業達（2356）	電腦及周邊設備	22.05 →22.85	3.63	6.49	價值股
友通（2397）	電腦及周邊設備	64 →83.9	31.1	6.62	價值成長股
超豐（2441）	半導體業	42.95 →47.85	11.4	6.29	價值股
根基（2546）	建材營造業	27.25 →37.6	38	8.78	成長股
華固（2548）	建材營造業	68.1 →92.6	24.5	6.19	成長股
國泰金（2882）	金控業	47 →42.55	-9.47	3.53	價值股

註：股價趨勢數字為：2018 年收盤價 → 2019 年收盤價。
　　2019 年年均殖利率數字為：2019 年現金股利÷平均股價。

名稱 （代號）	產業別	股價趨勢 （元）	漲跌幅 （％）	2019 年年均 殖利率（％）	屬性
玉山金 （2884）	金控業	20.1 →27.9	38.8	2.81	價值 成長股
文曄 （3036）	電子 通路業	38.8 →42.1	8.51	5.93	價值股
漢科 （3402）	其他 電子業	28.75 →31.15	8.35	10.1	價值股
崇友 （4506）	電機機械	56.8 →61.4	8.1	4.44	成長股
中租-KY （5871）	其他業	96.9 →138	42.4	3.31	價值 成長股
群益期 （6024）	證券業	45.15 →43.2	-4.32	7.54	價值 成長股
帆宣 （6196）	其他 電子業	47.85 →85.6	78.9	5.34	價值 成長股
盛群 （6202）	半導體業	58.3 →68.7	17.8	6.81	成長股
胡連 （6279）	電子 零組件業	82.1 →89.6	9.14	4.99	價值股
台汽電 （8926）	油電 燃氣業	25.05 →29.9	19.4	5.46	價值 成長股

3. 老牛偏好的 4 類公司。

4. 怎麼對一家公司進行估價。

5. 如何決定適合自己的投資組合。

相信看完的朋友，會覺得投資不再是一件難事，可以從書中獲得正確的投資知識、找到適合自己的投資方式，進而在股市中安心享富。接下來我們先泡好一杯咖啡，看懂一檔好股的關鍵，歡迎一同進入抱緊享富的園地。

股海老牛臉書粉專：

https://www.facebook.com/StockOldBull/

股海老牛抱緊享富社團：

https://www.facebook.com/groups/StockOldBull/

股海老牛 YouTube 頻道：

https://www.youtube.com/股海老牛

第一章

股海老牛投資心法：
抱緊處理

股市中最痛苦的事，
莫過於沒有抱緊處理。

恐懼是讓投資人賠錢最好的武器，新聞每天都會播報令人憂心忡忡的消息。細數一下這幾年的新聞大標題：「2017 年資金退燒！股市逢 7 變盤魔咒！」、「所有資產都在跌，2018 年崩盤危機再起？」、「2019 年下半年重現大跌走勢？」倘若你被這些新聞標題給嚇傻，而從股市中縮手的話，你已經錯過了讓資產增值五成的機會。

那有什麼方法可以解決這個困境呢？我建議「抱緊處理」。

抱緊處理的四大心法

抱緊處理心法中的 4 個字，所代表的含意都不同，不過目的就是用來解決股市中，讓投資人最頭痛的問題。

1.「抱」：挑到好公司就要一直抱著。

許多投資人在第一關「如何選股」，總是因為沒有研究、對公司不夠熟悉，苦苦找不到頭緒。而我遵循的是價值投資之道，**從歷年的公司營運、財務等相關資訊中**，判斷其競爭力與護城河所在，找出能翻倍的價值成長股。

舉台積電（2330）為例，曾有人質疑其董事長張忠謀高齡近90 歲，能否領導台積電前進。雖然張董已於 2018 年 6 月退休，並接棒給董事長劉德音及副董事長魏哲家管理，台積電仍以績效來告訴投資人：我們是全球第一的晶圓代工業者，更是全球科技前 10 大企業。

投資人若想挑選出像台積電這樣極具競爭力的世界級公司，一定得具備足夠的財報分析能力，以及洞見未來趨勢的能力。

2.「緊」：以好價格買進才抱得緊。

投資人應該懂得從財務報表中推估公司的內在價值，而非受到隨市場波動的外在價格影響。若能買在公司內在價值被外在價格所低估的情況時，才可以用真正便宜的低價格，投資高價值的公司，進而安心持有、抱緊處理。

而財務報表是公開的資訊，無論是外資或是相關投顧、基金經理人及金融機構，其實也都清楚。隨著股價一直往上漲，這個時候你敢買進嗎？一旦我們擁有判斷公司價值的技巧，才能了解未來的成長性能否推升公司的股價。

3.「處」：上下震盪處變不驚，不敗在情緒。

股市每天遍布著利多或利空（利多促使股價上漲，利空則促使股價下跌）的消息，造成股價波動，出現漲停、跌停的情況。若投資人不能掌握情緒，便會因為心理偏差效應的影響，而做出不理智的行動，導致蒙受巨額虧損。面臨這種狀況，我們該如何處理？如果你對這家公司有一定程度的了解，就可以安心許多。

從過去的表現我們可以知道，台積電是一家具備強大競爭力的企業，但還是會被外在因素影響導致股價下跌，例如 2016 年 11 月川普（Donald Trump）當選美國總統，全世界股票都大跌，台股也不意外的下跌 274 點，台積電更重跌 6.5 元；2020 年 3

月，新冠疫情股災也讓台積電下跌 13.29%。但從外資仍舊看好台積電，台積電股價也在 2020 年 7 月上漲 35.94% 來看，這些短期事件的影響，都不是那麼重要。

4.「理」：理智配置投資組合，順勢加減碼。

除了正確的找到好公司，並且買在相對低點、減少情緒影響以外，為了解決系統性風險的發生，投資人必須建立一個專屬「抱緊」投資組合，**採用順勢交易的方式來調整投資組合中的比例，進而放大獲利、降低虧損。**

舉例來說，如果找到抱緊股並買進第一筆後，雖然看到股價上漲，卻因為心理因素而不願加碼，當股價一直上升，就更不敢買進，自然無法擴大獲利；相反的，面對虧損時不願減碼，更不願認賠賣出，導致虧損一再擴大，也會影響整體投資組合的獲利績效。所以**尋找適當的時機進場、加碼，才能夠擴大獲利**，所獲得的回報將會更多。

投資不僅是一種行為，更是一種態度。我在股市中從「心」出發、鍛鍊技巧、累積經驗、領悟出抱緊處理精神，並且逐步實現「抱、緊、處、理」的投資方式，才進一步分享給大家。

我每年都會以基本面出發，再以財報數據作為篩選條件，選出「高殖利率」、「高內在價值」、「高獲利成長」的抱緊股。

我的部落格中，「2019 年 7% 高殖利率定存股，搶先抱緊處理！」這篇熱門文章（可掃下頁 QR Code 連結），經轉載到

商周財富網、Smart 智富等平臺後，累計超過百萬次瀏覽，裡頭的 13 檔抱緊股，在 2019 年也不遑多讓的創下 30.5％ 報酬率，超越同期大盤的 19.2％！不但全部 13 檔都賺錢，投資組合之平均現金殖利率更高達 8.2％ 以上。

文章連結

$$殖利率 = \frac{股利}{股價}$$

　　即便從 2020 年的波動如此之大來看，仍無損長期投資所帶來的高報酬率。如果投資人用 100 萬買進好公司抱緊 3 年、5 年，可能看不出抱緊處理的成效，不過時間一旦拉長到了 10 年，就可以擁抱**持續投入**及**複利成長**所帶來的加乘成效（舉例請見下頁圖表 1-1）。

　　而投資人若聽信「狼來了」的恐嚇言論，將持股全數賣出，想必無法享受抱緊處理所帶來的豐碩果實。

　　想在股市中獲利，依靠的絕不是「為了賺錢而先學會如何選股」，反而是我不時提醒投資人的「先建立正確的投資觀念」，才能穩穩獲利。務必要克服貪婪、恐懼、後悔等心理陷阱，並配合你的財務狀況、符合你的人生目標、切合你的利益，來打造專屬的理財計畫，才能逐步到達財務自由的彼岸。

圖表 1-1　抱緊處理報酬率（持續投入＋複利成長）

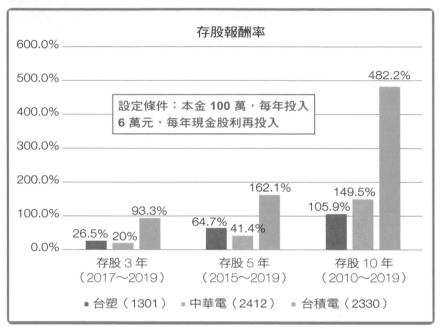

存股報酬率

設定條件：本金 100 萬，每年投入 6 萬元，每年現金股利再投入

- 台塑（1301）
- 中華電（2412）
- 台積電（2330）

存股 3 年（2017～2019）：26.5%、20%、93.3%
存股 5 年（2015～2019）：64.7%、41.4%、162.1%
存股 10 年（2010～2019）：105.9%、149.5%、482.2%

註：之所以選這 3 支標的，是因為台塑（1301）為老牌傳產股，上市近 60 年；
中華電（2412）是大家公認可以長期投資的定存股；台積電（2330）是全
球半導體龍頭之一，也是臺灣之光。
試算網站：MoneyCome.in（智慧工具→複利試算）。

股災年年有，怎麼抱緊才會賺？

我能理解各位投資者害怕虧損的情緒，小跌就算了，若遇到股災，心臟勢必要夠強才行。近 10 年來雖說是大多頭（按：投資者看好股市，覺得股價會漲），但每年仍難免會有幾個月下跌，此時就有人高呼：「股災來了！」有些人就會因此心慌。

　　但你永遠不知道，明天跟風險哪個先到（見圖表 1-2）。

　　2018 年，美國總統川普要求對價值 340 億美元的中國輸美商品徵收 25％ 的額外關稅；中國也做出徵收額外關稅的同等反制措施，中美貿易戰自此開打，造成當年 10 月有 7 個交易日的加權指數（亦常稱為大盤指數）下跌超過百點，當月跌幅 10.94％，導致許多投機者畢業（因不堪虧損而離開股市）。仔細檢視其原因可以發現，幾乎都是融資斷頭、期權慘賠等高槓桿所帶來的高風險虧損。

　　在中美貿易戰達成和解的共識後，2019 年全年幾乎都是上漲的，加權指數只有在 5 月出現 -4.28％ 的小幅回檔，所以 2019

圖表 1-2　中美貿易戰及新冠疫情，造成股市大跌

資料來源：XQ 全球贏家。

年全年度指數上漲 23.3％。

　　然而原本仍被持續看好的 2020 年，卻突然面臨自第二次世界大戰以來最嚴峻的危機，攪亂了投資人的如意算盤——由於新冠病毒在全球肆虐，全球股市出現金融恐慌，不僅美國道瓊指數在一個月內出現 4 次熔斷，多次出現千點崩跌；台股在 3 月時也跌破萬點，最低來到 8,523 點，全月跌幅 14.03％，也曾在最恐慌時，出現逾 700 家上市櫃公司被打入跌停板。

　　不過我並非要販賣恐懼給股市投資人，而是希望告訴各位，

 老牛小教室

　　什麼是熔斷？這種狀況只出現在美國嗎？

　　熔斷是在股市交易時間內，當價格波動幅度達到某一個限度（熔斷點）時，就會啟動暫停交易一段時間的機制。

　　舉例來說，美股熔斷機制有三關卡。如當日下跌 7％，觸發第一次熔斷，停盤 15 分鐘；當日下跌 13％，觸發第二次熔斷，停盤 15 分鐘；當日下跌 20％，觸發第三次熔斷，當日直接休市。

　　不只是美國，有許多國家也是採用熔斷機制，如日本、印尼、菲律賓……不過熔斷點各異。至於臺灣則採用「限價」，限制當日股價漲跌幅不得超過 10％，也就是漲（跌）幅度到達 10％，即漲停（跌停）。

抱緊處理的投資獲利真理：

1. 用現股買進，別用融資搶反彈。

　　幾年的多頭確實讓投資人放鬆戒心，甚至無限制的使用高風險金融工具，在一波震盪下來，結果常血本無歸。不過投資是場耐力賽，要考慮到**風險控管**。若投資風險較高的短期操作標的，除了要預測短期走勢及付出交易費用外，還得承受額外的壓力；相比之下，用現股買進較輕鬆自在，安心程度可高上數倍。

2. 仔細檢視公司財報，要能防禦也能攻擊。

　　財報雖被不懂分析的散戶戲稱為後照鏡，但事實證明，它確實為我們的投資生涯提升不少安全性，所以我認為財報不是後照鏡，而是一面「照妖鏡」。

　　投資人可以從過去公司的財報中，找出具有**高殖利率及低本益比之防禦體質**，也要仔細檢視其攻擊特性，意思就是瞄準公司**成長潛力與產業前景**。在股市空頭（按：與多頭相反，指股價下跌）時，**體質孱弱**的公司總是跌到一蹶不振；相反的，體質強健的才能先蹲後跳。一旦投資人越深入研究財報，就能夠對持股更具信心、更能安心持有。

$$本益比＝\frac{股價}{每股盈餘}$$

3. 穩住現在腳步，擁抱未來利多。

　　若在股災時倉皇出場，將永遠被恐懼掌控，無法成為獲利的成功投資人。而投資老手們想進場攤平當然可以，不過請放緩腳步把風險報酬比拉高，別因區區幾元利益而急於搶進，以至於讓自己處於虧損數十元的風險之中。景氣也有週期循環，會從危機走向衰退、再走向振興及擴張，在這段期間，安心抱緊才是面對股市下跌時最好的藥方。

　　這幾年股市震盪加劇，對於剛進場的新手來說，的確走得相對顛簸。我身為長期價值型投資人，其實把這波股災所造成的「帳面上」下跌，視為路上踢到一顆較大的石頭罷了。面對股災，說穿了是現在的虧損危機，但其實也是未來的獲利轉機，甚至能趁著股災來襲，撿到十年難得一見的便宜價。當持有的成本越低，抱得當然也就更緊，如此一來，等待盤勢反轉之後，會比一般的情況獲利更多！

別理大盤，
你要看的是加權股價報酬指數

　　還記得我剛進股市投資的時候，時常看到網路上大家分享一張資金水位圖，這張圖以加權指數高低點來分配資金水位，試著告訴大家如何在指數位階高時，降低持股水位並提高資金水位。我起初看到認為十分合理，位階高時出場、位階低時進場，可是

後來仔細想想，卻發現一項致命缺點。

從圖表 1-3 可以看到，若依照表格，從指數高低分配股票與現金比重的話，因為預設高低點的關係，在這幾年根本賺不到多少錢。原因是自 2017 年開始突破萬點之後，指數越墊越高，一路來到 12,000 點，創下近 30 年來新高。倘若你依照圖表 1-3 來配置投資比例的話，反而把現金比例提高而閒置，導致報酬不斷縮水，而跟不上指數的報酬率。

許多人可能不清楚，台灣股市指數（即指加權指數）因為設計上的關係，已經扣除「股利、股息」。投資人領到公司發放的股利、股息後，個股股價會因為除權息的關係而向下調整，此時，依照個股的市值權重，大盤指數會跟著下降。以台積電 2019 年發出 9.5 元股利來說，大盤指數也會扣除約 80 點。

圖表 1-3　從指數高低配置投資比例，未必合理

加權指數（點）	股票比例	現金比例
8,000	100%	0%
8,500	80%	20%
9,000	60%	40%
9,500	40%	60%
10,000	20%	80%

預設指數高低點，若指數持續突破新高，就不投資股票了？

整體而言，每年除權息的時候，大盤指數會減少 400 ～ 450
點，形成「指數蒸發」現象，所以除權息扣除點數之下，你看
到的大盤指數，並非真正的指數。因此，為了加回這些扣除的
點數，並且反映股利、股息再投入的報酬，我們真正要看的是
「加權股價報酬指數」（註：加權股價報酬指數可至臺灣證券
交易所網站查詢，網址：https://www.twse.com.tw/zh/page/trading/
indices/MFI94U.html）。

　　基本上自 2003 年以來，股市是一路往上走（見圖表 1-4），
從 2003 年 1 月的 4,524 點到 2019 年 7 月時衝至 20,120 點，成長

 老牛小教室

　　股利、股息一年只發放一次嗎？除權息又是什麼時候？

　　股利是公司向股東分配前一年公司營運所得之盈餘，
一般來說股利可以現金（**現金股利，常稱股息**）或股票（**股
票股利，常稱股利**）的方式發放，而發放股利的時間為除權
息時間，其中可再細分出除息、除權，發放現金股利稱為除
息，發放股票股利則稱為除權。

　　對於台股來說，大部分的公司都會集中在每年的 7、
8 月進行除權息。而在 2018 年修改《公司法》之後，公司
配息可由以往「每年一次」彈性調整為「每季或每半年一
次」，最具代表性的是台積電（**2330**），目前每季配息。

圖表 1-4　加權股價報酬指數，對應加權指數

日期	加權股價報酬指數	加權指數
2003 年 1 月 2 日	4,524.92	4,524.92
2007 年 1 月 2 日	9,055.41	7,871.41
2010 年 1 月 4 日	10,528.26	8,007.54
2015 年 1 月 5 日	14,121.92	9,274.11
2019 年 7 月 25 日	20,120.61	10,941.41
2020 年 7 月 31 日	24,215.43	12,664.80

註：加權股價報酬指數是證交所於 2003 年編制，故以開始的指數為基準。
資料來源：臺灣證券交易所。

超過 3 倍；再看到 2020 年 7 月的 23,000 點以上，一路持續創新高。但因為除權息的關係，2020 年 7 月底的加權指數 12,664 點已然失真，事實上還原權息後的真實指數，早已跨過 20,000 點大關。

所以別被加權指數給迷惑，要看加權股價報酬指數才對。如果你每次都以為加權指數已經很高，而真的**將資金抽離股市，那就無法享受到股利、股息及再投資報酬**，實在非常可惜。

除權息 3 觀念，讓你安心抱

上一段告訴大家，別只看大盤指數，而是要參考加權股價報

酬指數。這 20 年來，股市一路創新高，如果你擔心害怕的話，將錯過讓你資產翻倍成長的時機，更會錯過能以較低價格進場的機會。

雖然我們不能百分之百預測股價下跌的時間，但**利空打擊和除權息這兩個時間點**，卻是我們肯定能買到相對低價的時候。

如果說新冠疫情時的利空大跌是跳樓大拍賣，**除權息絕對可稱為一年一度的特價折扣週年慶**。除權息後扣掉要發的股利，股價就有可能掉到相對便宜的價格，像我就最喜歡在這時進場撿便宜。如果不趁除權息後慢慢買進、順便累積張數，等股價高漲才來後悔沒有買進，已經來不及了。

關於除權息，我想提醒各位投資人幾點：

1. 黑天鵝又要來了嗎？

近幾年來，除權息前都碰上一波漲勢，恰好除權息後又往下跌了一波，所以許多人會來問我：「是否要參與除權息？」我認為除了利空襲擊之外，**除權息是第二好的進場時機**。

人常常被恐懼與不確定感影響，傾向趨吉避凶，但我必須告訴你，**頻繁進出絕對賺不到大錢**。

你是否常常聽說有「黑天鵝要來了」，結果沒有抱緊處理導致獲利減少？事實上，好公司並不會因利空而被打倒，總能在利空結束後恢復成長力道，股價也從谷底翻身。所以別被那些黑天鵝、灰犀牛給嚇倒，做好風險控管才是王道。倘若因為恐懼而頻繁換股，再過幾個月股市回復正常之後，才會發現自己當時急促

賣出，只是白忙一場。

（按：黑天鵝是指發生率極低、易被忽略的事件，屬於較不可測的風險；灰犀牛一般指極可能發生、影響巨大，卻被忽視的威脅。）

2. 有效降低持股成本。

所有人都無法準確預測黑天鵝的到來，如果你真的不曉得利空什麼時候會來，時常等不到利空襲擊這個最好的進場時機，那麼唯一可以確定公司股價會變低的時間，就是除權息。再配合買入持有策略（Buy and Hold），儘管金融市場有一定的波動及衰退，仍然在除權息時加碼好公司，如此不但可以增加持股數，還能夠賺到填權息行情的價差。

（按：填息是指股價回到除息之前的價格；填權是指股價回到除權之前的價格。故填權息行情是指股價回到除權息前的價格，投資人在除權息後買進，可藉此賺到填權息的價差。）

從下頁圖表 1-5 大盤指數的月線圖，我們可以看到股市中，上下波動實屬正常，但長期而言為逐步向上。既然我們都不知道黑天鵝何時會來、何時會走，那謹記在除權息時平均成本就好。

3. 別在意填權息天數。

其實填息天數只是一個吸睛的假議題，不少人喜歡拿填息天數來搶焦點，雖然很多股票隔沒幾天就填息，倘若接下來因為大盤下跌而使得股價反轉下跌，那到底算不算填息？

圖表 1-5　黑天鵝難預測,最好持續買進、平均成本

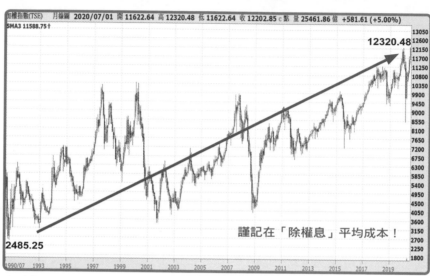

資料來源:XQ 全球贏家。

　　另外,如果這一家公司的股價長期往上,你填息後就賣掉,使得心中出現價格上的糾結,最後買不回來,那喪失掉的就是未來 10%、50%,甚至 100% 的獲利。所以別輕易賣出好公司,畢竟價格可能一去不復返!

　　圖表 1-6 為帆宣(6196)股價走勢,在 2019 年 7 月除權息時發出 3 元現金股利,股價在除權息當天來到 50.1 元附近,最後帆宣只花了 7 天就正式填權息。但隔沒幾天又因為電子股出現利空消息,跌回 50 元,那到底算不算填息呢?從現在來看,如果只為了賺 6% 的填息行情,那錯過的是帆宣上漲至百元以上,等於錯過能多賺 100% 的機會!

圖表 1-6　帆宣（6196）股價走勢圖

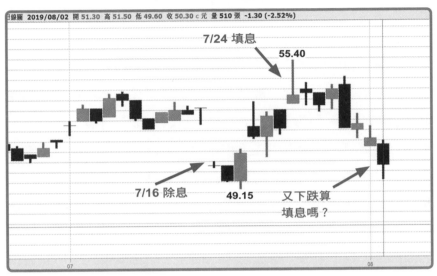

日線圖 2019/08/02 開 51.30 高 51.50 低 49.60 收 50.30 c 元 量 510 張 -1.30 (-2.52%)

7/24 填息
55.40

7/16 除息
49.15

又下跌算
填息嗎？

資料來源：XQ 全球贏家。

 老牛小教室

填權息天數如何計算？

　　短期存股族每年最期待能透過配息來增加收入，但是也最擔心賺股息、賠價差，因此投資人投資前，除了可以先評估公司的營運走勢，也能參考公司過去填息狀況。

　　填權息天數計算方式為公司在每年除權息後，需要幾個交易日才成功填權息，數據統計至下一年度配息日前為止。

填息也看天時、地利、人和

那麼除權息前後討論的重點一樣嗎？答案是不一樣！

除權息前熱烈討論的是「殖利率」，高殖利率的個股讓投資人心動不已，股價出現一波漲勢，如此搶得先機拿到股利；**除權息後討論的則是「填息速度」**，更讓投資人蓄勢待發，準備在尚未填息前買進，以賺取價差。但當台股大跌，那些表面上已經填息的個股也都出現回跌，這樣究竟算不算真正填息呢？

事實上，**「短期間填息與否」不該是投資人關注的焦點**，倘若你因此被影響，反而成了少賺 10% 的關鍵。所以別被短期填息給洗腦，也不要被「賺股息、賠價差」的話術嚇到。影響股價漲跌的因素很多，單純以短時間填息與否來判斷，相當不合理。

讓我們把時間軸拉長來看，一檔股票能否順利填息，與天時、地利、人和有關。

1. 天時：大盤回復穩定。

台灣股市與國際接軌，**短期間只要有國際大事，就會引起股市劇烈震盪**，例如：聯準會（美國的中央銀行體系）降息、中美貿易戰、甚至是北韓試射飛彈都會有影響。只要股市回復穩定的狀況，焦點就會轉回公司的營運表現。

2. 地利：財報傳佳音。

每年 7、8 月除權息旺季，適逢公司公布第 2 季財報，許多

個股都是因為財報優劣的因素，而造成股價漲跌互見，例如光寶科（2301）2020 年第 2 季財報開出三率三升的好成績，讓它在這波股災較其他個股抗跌，也更能在大盤復活時，率先突破前波高點。

（按：三率三升意指一間公司的毛利率、營益率、淨利率同步成長。毛利率是企業獲利能力的基本指標，營益率反映企業經營管理的效率，淨利率則是企業最終的獲利能力。）

3. 人和：法人在旁助攻。

台股是一個淺碟市場，法人的籌碼對個股的影響力著實不小，當中小型股受到外資籌碼青睞時，別說是填息了，出現連續

老牛小教室

何謂法人？是一個資金雄厚的投資人嗎？

「法人」的確資金雄厚，但並非一個人，而是指被法律承認的機構團體。

股市中有三大法人，分別是外資、投信（投資信託公司）、自營商，由於資金雄厚，只要法人開始進場買股票，通常可以把股價拉得很高；相反的，賣股票的時候，也可能一次把股價殺得很低。因此從三大法人買賣的情況中，就可以了解到三大法人對股市的直接影響。

漲停板也不無可能。不過投資人如果缺乏主見而跟風，隨法人多空（買入、賣出）變來變去的話，基本上沒有辦法抱緊持股，穩定賺錢的機率也小很多。

判讀內在價值，然後買進，等待

　　金融市場中存在著供需、競爭、風險等要素交互作用，所以金融商品因為衡量的標準出現變化，其「外在價格」會不斷上下變動，但價值投資者不該被短期外在價格迷惑，眼光應該專注於「內在價值」的獲利能力上。

　　如果有一位身家百億的企業家，今年又再賺入 100 億元，他的身家便從原本的 100 億，成長到 200 億元；要是可以在人肉市場上競標買賣這位富商的話，當有人出價 100 億，那你是不是該高喊 101 億來搶標？這樣還有淨賺 99 億（成長後身家 200 億－出價 101 億）的獲利空間。

　　再以一家淨值為 35 元的 A 公司為例。

　　假設它每年能賺進 EPS（每股盈餘，評估一家公司獲利與否的最直觀方式）4 元，並發出 1.5 元股利回饋股東，剩下的 2.5 元會被當成存款，鎖在保留盈餘當中，如此公司淨值便增加至 37.5 元（原淨值 35 元＋剩下的 2.5 元）；而隔年一樣賺 4 元、發 1.5 元股利，再將剩下的 2.5 元放入保留盈餘之中，淨值就能成長到 40 元。

$$每股盈餘（EPS）= \frac{稅後淨利}{在外流通股數}$$

（註：網路資料幾乎都已計算完畢，可直接參考數據。）

如果當下股價僅在 30 元的話，那投資人便有賺進 10 元的獲利空間，換算未來，有機會賺取超過 30% 的價差幅度。換言之，**價值投資的過程**（見圖表 1-7）是：鑑識內在價值 → 確認獲利空間 → 低價逐步買進 → 靜待價值回歸 → 高價獲利賣出。

在殖利率不變的情況下，股利越高，股價也會上升。當一

圖表 1-7　價值投資過程

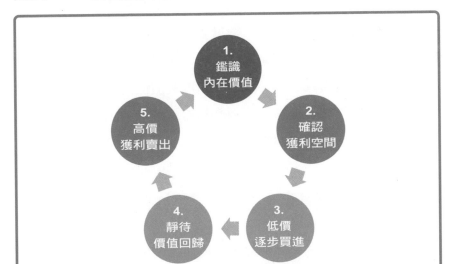

家公司決議發出 1 元股利，若當下股價是 20 元，經過計算後，我們可以知道殖利率為 5%（1÷20）。在公司營運且持續獲利成長的慣性下，假設固定殖利率不變在 5%，若明年股利成長到 1.5 元，股價就應該會躍升到 30 元（1.5÷5%）；以 20 元買進者，除了有機會賺到 1.5 元的股利，還能賺到 10 元的價差，共計 11.5 元，也就是說，這筆投資有將近 57.5% 的獲利空間。

就算未來景氣不明，目前股價維持 20 元，你仍可穩穩拿到公司所發放的股利，且在公司年年都有保留盈餘的情況下，帳面上的淨值會逐年提升。即便我們不管該公司每年是否都能越賺越多，**公司在多年穩定營運中所存下來的保留盈餘，都足以供給它每年穩穩發出股利**。從價值投資的角度出發，你認為它未來又該值多少錢呢？

回到真實的市場上，獲利變化情況當然不如前面假設般單純，公司會面臨上下游整合、競爭者介入、新產品良率等產業挑戰，營運上也仍須多方考量市場風險。所以價值投資者必須像一位眼光獨到的投資鑑定師，除了找到投資價值空間大的公司，更該深入確認公司穩健營運能力及產品需求競爭力，如此才能降低投資風險，安心抱緊穩穩賺。

投資人的 3 個老症頭，老牛有良方

當獲利變化情況充滿變數，投資人難免患得患失，患久了就出現一些「老症頭」。

本來老症頭是形容那些長年困擾著自己的病痛，不過對於投資人來說，在投資的時候，也有不少老症頭困擾著自己。我整理了 3 個常見投資老症頭，你可以檢視一下自己是不是犯了這些投資毛病，並參考我提供的良方解藥。

1. 怕買錯股。

我在粉專上最常被問到的問題，第一名肯定是「○○○公司好不好」，或者直接一點的「×××能不能買」。大多數的人，總在媒體雜誌上看到充滿好消息的公司而躍躍欲試，卻深怕自己買到不好的公司，甚至在股市中套牢。投資人如果缺乏一套標準來衡量公司好壞與否，就只能讓外界消息來主導；倘若連這家公司的營運模式都不知道的話，更別說要抱緊了。

良方解藥：觀察公司財報。

說到底，不曉得某家公司到底好不好，根本的原因是，你對這家公司的認識不夠多。若能看懂財務報表（詳見第二章），就能觀察公司的營運狀況、獲利情況較前一年好抑或壞，財務體質是否能夠挺過金融海嘯、撐過疫情寒冬。至於要如何衡量公司今年與去年是成長還是衰退？我建議先找到適合自己的度量尺，才能作為評斷一間公司好壞的基準。

2. 抱不緊。

當外在環境上下劇烈變化，投資人總是心驚驚，因而抱不緊

手上的好公司。以新冠疫情影響而造成股市大跌為例，投資人挺過了股價的急跌修正期、進到股價低檔整理期（按：股價漲跌週期請見第四章），雖說勇於在合適的時機撿便宜買進，但面對幾個月的來回區間上下，再加上新聞持續播報壞消息；當看到隔壁老王怎麼追熱門股爽賺，便開始三心二意，決定賣掉換股操作。這麼做看似跑去追高最後一波漲勢，其實又跳入另一個下跌循環的開始，這時如果又看到原本持有的股票，竟在自己賣出後大漲，真的是會捶心肝。

> 良方解藥：進場前先想好加減碼策略。

切勿隨意換股，尤其是看到別人追熱門股的時候好像賺很多，但要想想熱門股開始下跌的時候，一次也會賠！很！大！

買進一檔個股前就該先想好策略應對，**決定好加碼、減碼的時機點**，等到符合條件時才能處變不驚。此外，耐心也相當重要，就像「滾石不生苔」這句話，在短期間內一直買進賣出（滾石），是無法賺到大錢的（累積成苔）——頻繁換股絕對不是穩賺的保證。

3. 賣太早。

這個老症頭最為常見，投資人常常因此錯過大漲的時機。

當你撐過低檔整理階段，迎接而來的通常是股價大幅度上漲，此時帳面上已經由負轉正；不過經常有人在這時心裡開始動搖，猶豫是否該賣了，以免從小賺又變回去倒賠，最好趕快全部

賣光光……殊不知此時大戶看到有轉機，才開始進場逢低承接，藉著盤勢震盪，大買小賣的讓股價跳起探戈，今天先漲一點，明天再跌回去；等大戶將籌碼都吃夠，再繼續向上飆漲，結果大多數的散戶就這樣錯過讓大戶幫你抬轎的機會，只賺到 2％，少賺了後面的 18％。

> 良方解藥：不追求賺 10 次 2％，而是一口氣賺 20％！

「小確幸」這個名詞，出自村上春樹的隨筆集《蘭格漢斯島的午後》，意指微小而確實的幸福。在這個動盪的時代，許多人因為擔憂股市會再次面臨蕭條、轉為下跌，所以希望獲利能落袋為安，結果常常賺到了小確幸沒錯，卻錯過後續的大行情。

千萬要記得，若想賺到 20％ 的話，一次賺 2％，你得找 10 次機會，而且 10 次都要全對才行，從機率來看難度相當高；但一次賺 20％，你只要找一次機會就好，而股市中的確不少能讓你賺進 20％ 以上的機會。兩相衡量應該是後者簡單許多吧！再加上一開始的買進成本低，即使遇到上下震盪，你也可以抱緊緊，最後享受大戶外資幫忙抬轎，讓股價飛高高，如此多賺一點，再來尋找下一個 20％ 的好機會。

沒有穩賺標的，但有穩賺祕訣

除了和老症頭有關的問題外，也有不少人喜歡問我有沒有穩賺的標的。老實告訴大家——投資股市的風險不小，所以沒有穩

賺的事情；可是，只要選對標的，抱得越久也就賺得越多。

但既然沒有穩賺標的，那要怎麼確定可以穩穩賺呢？我的祕訣就是——**避開大賠**。若我們將每次進場投資賺錢的結果分成大賺及小賺，賠錢的情況則分成大賠與小賠，以機率的角度來看，大賺或大賠出現的次數少、發生機率較低；小賺或小賠出現的次數較為頻繁、發生機率也較高。

我不建議投資人當沖（玩短線，買賣在同一天），所以我們先用當沖舉例，說明長期當沖為什麼會虧錢。

以機率的角度來看，**小賺小賠屬於常態**。當沖需要相當高的專注力，若時常只是小賺小賠，到最後一定會心力交瘁；就算偶爾大賺，但其實也避不開大賠，最後就是進退狼狽，要獲利了結或認賠殺出都很掙扎（見圖表 1-8）。最重要的是再加上**過高的交易費用**，導致最終績效不彰。賺錢時固然沒事，倘若沒有控制好大賠停損的準備，常常黑天鵝一來，就不堪虧損而被迫畢業。

在股市中真正困難的，並非能不能大賺一筆，而是在虧損時能全身而退。我的抱緊投資邏輯是禁得起考驗的，主要偏向長期

圖表 1-8　安心穩穩賺矩陣

投資結果	小賺	大賺
大賠	小賺大賠，資金全沒	大賺大賠，進退狼狽
小賠	小賺小賠，心力交瘁	大賺小賠，財富翻倍

投資，在挑出好公司的情況下，公司不至於會發生巨額虧損，也不會連續 2 季以上出現虧損，例如：2017 年時光寶科（2301）因為認列一次性商譽與設備資產減損，使得第 3 季每股稅後虧損 1.47 元，股價應聲下跌；可是下一季就走回正常的獲利軌道上，股價也回穩整理。

　　除了需要公司穩健的經營以外，也要有高股利的保護。如光寶科就在隔年（2018 年）發出高額的 2.92 元現金股利，來告訴相信它的投資人，公司的獲利動能仍在。在年年都有高股利的保護且 2019 年營運回穩下，光寶科的股價不僅重返榮耀，更是扶搖直上，一度衝到 50 元以上。

　　倘若你是當沖的玩家，就享受不到高股利的保護，大跌時也就沒有緩衝的空間，虧損的機率相當高。而到時候想要大賺一筆

 老牛小教室

什麼是「商譽減損」？

　　會計報表中的「商譽」項目，指的是併購一家公司時所付出的價格減去公司的當時淨值，這多出來的金額就是商譽。而商譽在會計上，需要每年定期評估以決定其是否仍具有價值，一旦事過境遷，商譽已不再具備當時的價值，甚至變得一文不值，這個時候就要考慮在財務報表上認列商譽減損損失了。

回來，並非跟想像一樣簡單，拚贏的機率很低，等同是送錢給賭場莊家。

當你領悟到大賺小賠這點，就可以知道我為什麼可以穩穩抱得安心、賺得開心。避開了大跌之後，加上掌握好公司，買在便宜的價格，便能提高大賺的機率。若再配上時間帶給我們的複利效果，我們就能享受財富翻倍的愉悅。

時間在走，與時俱進的投資腦要有

2008 年金融海嘯之後，當時的台股指數最低來到 3,955 點，自此之後指數逐年攀升，別說是看不到 5,000 點這個數字，近幾年甚至到了萬點之上，甚至打破「萬一」，站上 12,000 點，創下近 30 年來的新高。

其實這不難想像，畢竟在經濟持續成長下，公司獲利持續增長，使得內在價值不斷提升，公司總市值的增加自然會反映在指數上，所以近幾年來指數持續創新高，就一點也不意外了，更可以想見「今年不買，明年更貴」的情況出現。無怪乎在股市大跌時，幾乎都是最好的加碼時機點。

這一波多頭也走了十多個年頭，因為這幾年上市櫃公司穩定獲利，加權指數很難再回到 2008 年金融風暴時的 3,955 點。近幾年來最大的空頭，是由於 2018 年中美貿易戰衝擊，加權指數最低來到 9,400 點；又因為 2020 年新冠疫情擴散，指數最低來到 8,523 點。這幾次大跌的確讓長線投資人開始思考，即使未來

股價會逐步回升，但面對其不確定性，是否應考慮落袋為安？

　　從上述說明可以看到，由於股價終究會逐步回升，所以存股族在這幾次股災中都能全身而退。雖然如此，但過程中的高不確定性，仍讓存股族們開始擔心，自己多年來累積的獲利是否也會隨之泡沫化。

　　在股市中當個**長期投資的存股族，具有相當的優勢，不過仍得面對股災襲擊的風險，更要注意存錯股的風險**。過去定存股經過幾次演進，而我認為目前合適的定存股，最好更新到「定存股4.0」這個版本。

● 定存股 1.0 → 不會倒的國營事業？

　　在歷史上，國營事業對於國家經濟發展，擔任相當重要的角色，所以常被當作政策工具，肩負政策性任務，由政府介入市場，達到穩定市場的機制。大眾普遍認為國營企業屬於寡（獨）占型企業，加上有國家當後盾，所以不會倒，例如：中華電（2412）、合庫金（5880）等，都屬於績優企業。

　　但投資人忽略了一個存股重點——**獲利必須能夠維持穩定**。隨著經濟自由化的發展，國營企業人事制度逐漸僵化、財務結構不健全、產品成本較高，加上管理不善造成營運虧損，例如陽明（2609）、華航（2610）就因經營績效差，獲利衰退；此外國營企業營運，常常需要背負國家政策的包袱，未必是以提升獲利為出發點，造成營運上的壓力。當大家知道國營企業未必是獲利保證，下個階段的定存股2.0便出現了。

● 定存股 2.0 → 尋求高殖利率保護？

為了避免賠價差，投資人將目光轉向能發放高額股利的公司，因為高額股利隱含著 2 個資訊：公司獲利能力強勁、與投資人共享營運成果。績優的高殖利率企業，在每年除權息前有買進支撐力道；而在除權息後，也都會有一波填息上漲行情。

事實上，公司會依照前一年的獲利狀況，來決定今年能發放多少股利，投資人也屏息等待股利的「開獎時刻」。不過千萬別被高殖利率假象所迷惑，而失足踏入高殖利率的陷阱當中，除了可能面臨無法填息的狀況，一樣會不小心賠上價差。

● 定存股 3.0 → 萬點存股行不行？

自 2008 年的全球金融海嘯之後，不少投資人遭逢莫大的虧損，而對股市失望至極。在金融海嘯後的 10 年間，股市震盪走高，一路來到挑戰萬點的位階，股市中又有許多雜音出現，主因是全球進入升息循環，面臨資金從新興市場撤離，回流美國市場。一聽分析師認為這個時間點不適合存股，不少存股族嚇得把手上的持股賣光光。

但如同前面所說，別被加權指數給迷惑，要看加權股價報酬指數才對。加權股價報酬仍在年年創新高，而存股族還是要將重心放在所挑選的個股，其價值是否已經完全反映在股價之上。

● 定存股 4.0 → 找抱緊股才對！

從前面定存股的版本演化過程來看，如果你的投資腦不隨著

與時俱進，那未來即將落伍，甚至面臨虧損的命運。我們的投資觀念必須跟著時間逐步調整，千萬別只是傻傻的買進股票，結果到退休時才發現當初做錯了，那就太可惜了。

說到這裡，或許有人會問：「老牛，抱緊股也是長期抱緊標的，這樣不就是定存股嗎？」事實上，抱緊股的宗旨是——當公司外在價格未完全反應內在價值時，持續抱緊。

所以**抱緊股的目標**，是尋找具備以下 **4** 個特質的優質公司：

1. **獲利成長**：公司獲利長期持續穩健成長，不斷累積盈餘。

2. **高殖利率**：在高殖利率的保護傘下，公司與股東同樂。

3. **高防禦性**：在營運健全的情況下，具備足夠的現金，因應股災來襲。

4. **股價便宜**：內在價值不斷增加，相對於外在股價仍屬便宜位階。

透過後續幾章，我期望投資人學到五大目標：先找好公司、買在好價格、尋股模式複製貼上、建立投資組合、實戰應用。

首先，想找到一間好公司，務必要知道有哪些優質特性，了解後才有一個基準去判讀公司財報，以診斷該公司的財務體質，進而挑出具備成長力的績優公司，然後抱緊、跟著獲利。除了讓讀者學會這些以外，我還會與各位分享我關注的四大類個股。

找到好公司後，當然也要知道何謂好價格，畢竟只要買得夠**便宜，就不用太理會短期的股價震盪**，能夠抱得更安心。那什麼價格才算便宜價呢？我會介紹 2 種重要估價模型，讓投資人透過

簡單的圖表來評估，避免買在高點。

　　接下來，我會應用實例，告訴大家一間公司的營運模式、營運績效、財務體質與價格評估，讓大家能夠從相關的財務指標及圖表中有所了解，並且將此模式複製貼上，未來就能自行評估並抱緊。

　　至於建立投資組合，我會先讓讀者們了解自己的投資屬性，再說明怎麼樣的組合才能降低風險。

　　最後到了附錄，我從台股 1,700 檔個股當中，挑出了 20 檔在 2021 年具備投資機會的抱緊股。應用前面的財務指標，我會從公司的價值開始分析，介紹公司營運方式、營收內容、成長動能及各項財務指標，有能力繳出好成績，未來才有潛力繼續往上爬。期許你能開始實際投資，進場抓住趨勢，更能讓獲利奔馳，最終才能安心投資、累積資產。

　　準備好了嗎？就讓老牛帶你一起邁向抱緊享富之路吧！

抱緊股獲利公式：盈餘成長 → 股利增加 → 股價上漲

第二章

跟著老牛這樣抱，
年年多賺 20%

穩定的現金流
有利於長期投資！

2020 年 6 月，衛福部公布 2019 年臺灣十大死因統計資料，癌症已經連續 38 年位居死因之首，該年奪走 5 萬人的性命，也就是說，平均每 10 分鐘就有一人因癌症死亡；而且癌症發生的年齡越來越低，讓人感到心驚。因此我每年都會定期去做健康檢查，還好幾年下來沒什麼大問題，記得多運動及不要吃得過油過甜，是醫生一再耳提面命的。

財報就是一家公司的健診報告

人體的健康狀況總是悄悄改變，而定期檢查、確認檢查結果，能幫助我們留意身體是否出現警訊——跟投資有異曲同工之妙。不少公司表面上非常健康、獲利滿滿，實際上卻外強中乾，內部有一堆毛病，公司財務體質禁不起檢視。

那一家公司要怎麼健康檢查呢？我們該如何判斷一家好公司的財務體質？我倚靠的是公司**財務報表**，從中研判公司是否出現**財務警訊**。

不少投資人會覺得財報就像一本玄之又玄的天書，主要是因為財報是以量化的財報數字組成，如果不具備解讀的知識，那應該沒多久就可以聽到投資人鼾聲大作。此外，財報上並沒有用紅字標示出有問題的地方，也不會告訴你應該注意哪些項目，投資人得靠自己，像醫生般給出診斷結果，才能避開那些時日無多的公司。

其實財報並沒有像大家想的這麼困難，也不需要讀懂每個數

字，只要抓住重要的財務指標就好，這些財務指標也將是選出抱緊股的關鍵。在這章，我會帶大家看看如何從財報中篩選出適合抱緊的好公司，還會分享我喜歡的 4 類型個股及其特徵。不過首先，我們要先去看看能否抓到兔子。

一夜致富或一夜跑路？有個關鍵不同

應該很多人對「守株待兔」的故事耳熟能詳：有位農夫正在辛勤耕田，忽然看見一隻兔子從田裡疾奔過去，碰巧一頭撞到樹根上，死了。於是他立即扔掉耕具，跑到樹底下，很高興的把兔子拾回家。之後，他便天天守在這棵樹的旁邊，坐等能再撿到兔子。可是兔子撞死在樹根上，是一件非常偶然的事情，怎麼還會再發生呢？

在股市中，也有類似靠著高運氣的隨機致富事件，有些人只看到成功的結果，便回頭推論一定是某種做法所成就，卻忘記評估其風險性，常將「投機」誤以為「投資」，結局不是一夜致富，就是一夜跑路，而且往往因為想繼續賭下去，大都是以虧損跑路作結。所以投資與投機相反，**投資並非比誰賺得快，而是看長期獲利的穩定性。**

價值投資之父葛拉漢（Benjamin Graham）在著作《證券分析》（*Security Analysis*）中定義：「投資是經過透澈的分析後，確保本金安全，並能獲得滿意報酬的行為。不符合這些標準者，就是投機！」葛拉漢想告訴我們的是，要記得先評估風險，在一

般狀況下或當風險發生時，藉由透澈分析來發揮保護作用，才不至於讓我們損失太大，而這才是真正的投資。

反觀在股市慘痛畢業的人，都是因為只憑藉運氣，過於輕忽風險管控的重要性。我們可以將投資與投機區別如圖表 2-1。

圖表 2-1 投資與投機的差別

比較項目	投資	投機
進場方式	現金買進	融資／放空／當沖
決定買入關鍵	憑藉數據分析	倚靠運氣加持
持股時間	長期持有	短期進出
最終目標	享有合理報酬	追求不合理報酬
選擇標的	穩健標的	高風險標的
投資人心態	安心享富	焦躁不安

大家都知道股價有漲有跌，那你認為要怎麼在股市中賺到錢呢？以持有一張大立光（3008）為例，倘若大立光的股價從 3,000 元漲到 5,000 元，接著又從 5,000 元跌到 3,000 元，那你總共能夠賺到多少錢？

（A）0 元。

（B）200 萬元。

（C）400 萬元。

以數學的最佳解來看，這題的答案是（C）400 萬元。你可以在大立光漲到 5,000 元時賣掉，先賺進 200 萬（單股價差 2,000 元×1,000 股），再於下跌前放空（按：投資人看跌某檔股票，故先向券商借股票賣出，待價格下跌後再買回股票還給券商，以賺取價差），當它跌到 3,000 元時回補，又可反手賺到 200 萬。

但很不幸的以實戰來看，這樣來回操作不僅在股市賺不到錢，甚至很有可能虧損。我們來仔細清點一下，可以發現投機得面臨的問題不少：

1. 成本費用負擔較高。

如果你使用的是短期投機工具，例如融資（按：投資人看好股價後勢，並向券商借錢買股票，以賺取股價上漲的價差）、放空、當沖，都得負擔相當高的利息費用，甚至付出不必要的傭金。這些額外費用都使得投機者的起跑點比別人還要遠，獲利必須更多才行。

2. 條件急遽變化。

世界政經狀況可說是一日數變，我們可以觀察美國總統川普在 Twitter 上的發言，從要打中美貿易戰、到揚言對墨西哥強徵關稅，結果沒幾天川普又軟化態度說已達成協議，但此番言論已造成市場慌亂動盪，股市也在短期間上沖下洗，使得投機者無所適從，事情遠比你想像的複雜許多。

3. 未知因素太多。

在多元統計分析中，有一種方法叫主成分分析（Principal components analysis，簡稱 PCA），是一種分析、簡化數據的技術，用以找出對數據影響最大的變數因子。但現實中影響金融市場的因素太多，你實在無從得知影響主因為何，到底是總體經濟的影響較大，還是個體經濟的關係？這也是為何投機，只能適用於一時，不如長期投資來得穩健。

依我過去經驗，投資才有機會讓自己一夜致富，投機出現一夜跑路的機率比較高。或許有人會認為我說得太誇張、運氣哪有這麼差，我們就以 ETF（指數股票型基金，追蹤某一指數表現，由投信公司管理發行、在股市中交易）富邦 VIX（00677U）為例，對照前面提出的問題，細數投機者無法安心的原因：

1. 成本費用負擔較高 → 費用率較高。

在交易富邦 VIX 時，除了買賣後要支付的手續費及交易稅之外，你還得付出 0.99% 的經理費及 0.15% 的保管費，硬生生多出 1.14% 的內扣費用。這也代表在這筆交易當中，你必須比別人多賺 1.14% 才能打平。

2. 條件急遽變化 → 波動度大。

經過統計近一年的交易資料（241 筆）可以發現，上漲 3% 以上的次數共有 52 筆，下跌 3% 以上的次數共有 60 筆，合計

112 筆，占了近五成的交易天數，等於平均 3 天就會出現上漲或下跌 3% 的狀況，這樣大幅波動下，要如何安心抱緊呢？

3. 未知因素太多 → 開盤時間不一致。

　　富邦 VIX 追蹤的是標普 500（S&P 500，可以想成美國的大盤指數）的波動率，簡單來說即美股下跌，VIX 指數就上漲；若美股上漲，VIX 指數就下跌，兩者走勢相反。但標普 500 的開盤時間主要在美國白天，所以風險真正發生時，臺灣因時差關係，無法同步交易。也就是說，標普 500 驟然下跌 5%，VIX 無法立刻獲利了結；猛然上漲 5%，VIX 也只能無奈的賠錢興嘆。

　　倘若你並未深入了解該商品的特性與風險，只是憑藉著目前價位是「相對低點」而買進，那就像守株待兔的農夫，終究等不到兔子再次撞樹的機會；反倒可能碰上股價腰斬再腰斬（見下頁圖表 2-2），恐怕會慘遭投機套牢。

跟媽媽學的選股心法

　　看過投機與投資的差別之後，可以知道不只心態重要，選到好標的更是影響深遠。

　　小時候，我總是喜歡跟著媽媽上市場買菜；菜市場中人來人往，東西又五花八門，當時覺得非常有趣，最高興的還是能夠買自己喜歡的東西。小朋友當然不知道怎麼挑最好吃的蘋果，還記

圖表 2-2　富邦 VIX（00677U）近 3 年股價走勢圖

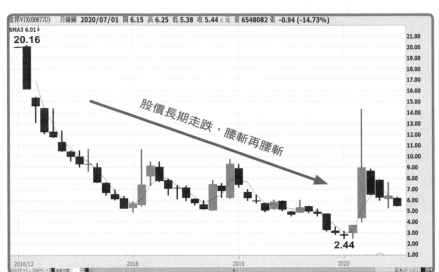

資料來源：XQ 全球贏家。

得媽媽跟我說有 3 個重點：

1. **見其色**：買蘋果前，首先要拿起蘋果，仔細端看色澤，若是看到表皮光亮且粉中帶嫩，就表示十分新鮮，還有店家會噴上些許水分，以此讓蘋果增加保鮮度，也提升水亮感。

2. **嘗其味**：再來可以問問老闆能否試吃，不過大部分都不會讓客人試吃，那也沒有關係。我們可以拿起來聞聞看，是否有芬芳的水果香氣；如果帶有酸味，就要注意是否熟透變質了。

3. **觀其型**：最後，我們不可能整批蘋果都買，當然要挑選一堆蘋果當中、為數不多的佼佼者。在仔細觀察過蘋果的外型之後，才能挑出那些形狀最符合原型、最漂亮的蘋果，最後打包結

帳回家。這是最需要知識與經驗的環節。

雖然這幾招是極為簡單的道理，但我們若把菜市場想成股市、將蘋果變成合適的抱緊股，如此對應到股市當中，情況也極為類似（見圖表 2-3）。

1. **見其色（看股價表現）**：大部分的投資者，對一家公司最有印象的一樣是「顏色」——這裡的顏色代表公司股價是上漲（紅色）還是下跌（綠色）——尤其對漲停板的滿版紅最有感覺，因此股價表現是最能吸引投資者注意的第一印象。

2. **嘗其味（研究營運及財報）**：到了這一步，該做的絕對不只是上網搜尋新聞與分析師的看法而已，千萬別被漂亮的話術騙了。投資人也要進一步查看公司的財報數據及營運表現，了解未

圖表 2-3　選股心法（挑蘋果對應挑股票）

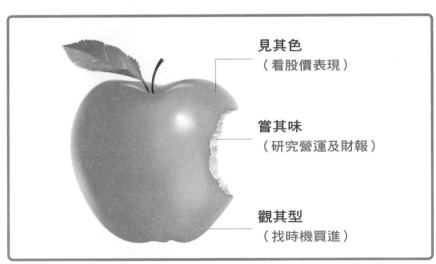

見其色
（看股價表現）

嘗其味
（研究營運及財報）

觀其型
（找時機買進）

來會刺激股價上漲的催化劑，究竟是來自公司本身的獲利提升或成長動能，抑或只是市場一時拉抬炒作的效果。

3. **觀其型（找時機買進）**：我們小小散戶在投資一家公司之前，如果不以財報作為分析公司的出發點，就像是矇著眼睛上戰場，可說是必死無疑。除了藉由過去財報來了解其利基與競爭力所在，我們也要試著評估公司未來的成長性，幫它貼上一個合理的價格標籤，再找合適的時機點買進抱緊。

投資就像踩地雷，財報透露別走哪裡

為什麼財報這麼重要？當然是因為投資人可以透過財報來避開地雷，避免投資虧損的風險。

以 2016 年最大的投資地雷——樂陞（3662）為例，在 2016 年 5 月底，日商百尺竿頭宣布以每股新臺幣 128 元，公開收購 3.8 萬張樂陞股票，用當時股價換算，等同是溢價 20% 以上，也就是收購成功的話，投資人手上的股票都多賺到 20% 的價差。

此舉引發許多人爭相買進，股價最高來到 115.5 元；事隔三個月後，百尺竿頭故意違約宣布放棄收購，而後更爆發樂陞董事長許金龍涉嫌詐欺，透過一層層吃貨、拉抬、出貨，演出坑殺散戶的三部曲——原來這是一場假的公開收購案，許金龍自導自演並且賣股套利，不法獲利高達新臺幣 40 億元以上。後來，樂陞股價一路下跌，最低來到 11.75 元（見圖表 2-4），跌幅高達 90%，最終只能黯然下市，投資人手上的股票已然成為壁紙。

圖表 2-4　樂陞（3662）股價走勢圖

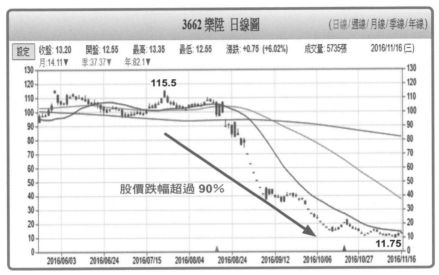

資料來源：Goodinfo! 台灣股市資訊網。

（註：「吃貨」是指有心人士刻意放出利空消息打壓股價，再趁機進場買進成本較低的股票；買到一定程度的股票數量後，反手放出利多消息藉以「拉抬」股價；並且在股價達到某個滿足點時，再逐步賣出股票獲利了結，以達「出貨」的目的。）

　　不過這齣戲在上演之前，其實投資人從公司的財務報表就能看出一點端倪，進一步辨識樂陞美化過的財務數據。2016 年第 4 季的財報顯示（見下頁圖表 2-5），樂陞公司資產為 55.18 億元，只是其中無形資產（指商譽及商標等）就有 15.48 億元，占比高達 28.1%，實在不太合乎常理……樂陞的公司招牌具備 15 億的價值嗎？倘若投資人能夠習得解讀財務報表的真功夫，就可

以及早避開類似的地雷股，事先逃過套牢虧損的厄運。

視財如命的 3 份報表

前面提到的選蘋果（選股）三步驟，散戶最容易忽略第二步：「嘗其味」，讓自己身陷套牢風險，甚至出現虧損危機，實在很可惜。

那究竟該怎麼嘗其味（研究營運及財報）呢？具體來說，就是透過公司歷年繳出來的財報數據，分析這家公司的內含價值與

圖表 2-5　樂陞（3662）2016 年第 4 季的財務報表

資產	2016Q4	
	金額（億元）	%
（前略）		
基金及投資合計	6.55	11.9
不動產、廠房及設備	1.34	2.43
固定資產合計	1.34	2.43
無形資產合計	15.48	28.1
遞延所得稅資產	0.37	0.68
其他資產合計	1.73	3.14
資產總額	55.18	100

資料來源：Goodinfo! 台灣股市資訊網。

成長動能。打開財務報表，許多人可能會覺得它像天書一樣，雖然每個數字分開都看得懂，但合併放在幾張財報中就看不懂了。

　　其實財務數據就是從 3 張財務報表而來，包括**資產負債表、損益表及現金流量表**，它們分別從不同的角度來評價一間公司。

一、資產負債表。

　　此表揭示一家公司的財務流動性及財務狀況，讓投資人知道**公司資產、負債及股東權益的相對關係**。例如：固定資產、長期投資的資產有多少，或當期負債等科目的金額及比例，投資人更能夠從中獲知公司的**變現能力、償債能力及資金周轉能力**。

二、損益表。

　　投資人最常分析的一張報表，因為它是衡量公司當期獲利多寡的依據，非常直觀。損益表也代表著公司的**獲利成果**，所以從損益表中我們可以知道，在這段期間內獲得多少營業收入與其他收入，扣除相關營業成本、營業費用及所得稅後，所得之盈餘。

三、現金流量表。

　　股神巴菲特不只一次強調，他偏好那些能夠「產生現金」、而非「消化現金」的公司，所以企業要真正將現金放入口袋，才能稱得上是賺錢的企業。現金流量表就是記錄在**營運期間內，進出公司的不同現金來源，並且告訴投資人現金的用途**。投資人能夠從現金流量表中，發現以營運方式**轉換現金的能力**。

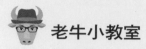 **老牛小教室**

財報查詢教學

對於初次接觸財務報表的投資人來說，也許會不知道該如何搜尋財報。我建議可以使用「Goodinfo! 台灣股市資訊網」（https://goodinfo.tw/StockInfo/index.asp）。

使用步驟如下：

①進入網站後，於網站最上方輸入股票代號／名稱，再點擊「股票查詢」。

Goodinfo! 台灣股市資訊網　　股票代號/名稱 | 股票代號/名稱 | 股票查詢

②網站左側會出現許多選項，財務報表分類位於左下，直接點擊有興趣的項目即可查詢。

前面提到的樂陞案，是藉由財報中的無形資產察覺端倪，而查看上市櫃公司的財務報表，無形資產成為公司地雷的情況並

不少見，類似情況也發生在 1995 年上市的老牌公司——光寶科（2301）身上，可是結果完全不同，主要還是因為公司財務體質完全不一樣，這點我們可以透過財報得知。

　　光寶科在 2017 年第 3 季時宣告「商譽減損」，不僅累季至前 3 季 EPS 只剩 0.14 元，也導致當年度 EPS 剩下 1.13 元，寫下十幾年來的新低紀錄。此舉引起市場譁然，股價當然也從當時最高點的 46.5 元，摔至 36 元才止血。倘若投資人懂得解讀財報，就能夠判斷光寶科是一時利空，還是會一蹶不振。

　　以此事件為例，我建議快速觀察財報中 3 個重點：

　　1. 損益表——**營收是否嚴重衰退**：商譽減損屬於一次性業外損益，光寶科營收雖較 2016 年同期下滑，但本業仍穩定獲利。

　　2. 現金流量表——**現金存量是否充足**：公司過去幾年自由現金流皆為正數，且現金部位充足，當時帳面上仍有 663 億元。

　　3. 股東權益（於資產負債表中）——**能否發出現金股利**：資本公積（按：指投入資本中，不屬於股票面額的部分，由資本交易、貨幣貶值等非營業結果所產生之權益）仍有 275 億元，故光寶科若受一時利空影響，可由資本公積配發現金股利給股東。

　　因此我研判光寶科僅為一時利空，公司也在 2018 年穩健發出 2.92 元現金股利，年均殖利率超過 7%；而後經過內部改造，與認列商譽減損、擺脫虧損事業等積極作為，2018 年底成果逐漸浮現——其 EPS 回到 3.42 元的正常水位，股價自然突破回升，2019 年更屢創新高，站上 50 元（見下頁圖表 2-6）。

圖表 2-6　光寶科（2301）股價走勢圖

資料來源：XQ 全球贏家。

　　聽我講完 3 張最重要的財務報表，可不要認為很難，就此對財務報表產生恐懼，應該認識財報、理解財報，最後才能活用財報，知道哪些指標代表公司的基本價值、成長力道及防禦能力。

　　對於投資人來說，在這個震盪的時代，更該好好深入研究一家公司財報的體質，及財務比率中的五力指標：

　　1. **價值力**：從市場中的營收、獲利、競爭力等，觀察公司的隱含價值。

　　2. **成長力**：相對於月、季、年的營運指標，現在是成長抑或衰退。

　　3. **回饋力**：從股利發放來看，公司是否有意願與股東同享營

運成果。

4. **防禦力**：從自由現金流量觀察公司將現金放進口袋的能力，且負債比要低於 50％ 才相對安全。

5. **籌碼力**：藉由法人買賣、大戶（按：年度交易金額 20 億以上）動向，觀察短期股價走勢。

在牛市（股市上漲）時，成長力、籌碼力是觀察重點，因為這兩個指標是推升股價的關鍵；而當股災來臨，我們更須注重價值力、回饋力及防禦力，這將是支撐股價的鐵板。

在分析財報中的財務指標時，千萬別被絕對數值帶著走，因為人事時地物不同，營運績效可能稍有差異，所以要用區間來看待。此外，**財務指標的穩定度及趨勢方向**，才是投資人該關注的重點，如此公司股價較不會大幅度震盪，或偏離合理價太遠。

許多投資人可能會被百分比迷惑，看公司毛利率少 1％，就開始擔心公司陷入營運危機；但大多數情況是因為季節性調整，或者產品組合的關係，而讓毛利率出現區間的上下變動。

又比如看到資產負債表中公司負債比較前一季高了 1％，便煩惱公司借這麼多錢，會不會出現周轉問題而倒閉；實際上財報是用來輔助投資人，判斷這家公司的營運績效，除非碰上景氣寒冬而周轉不靈，否則大部分公司幾乎都能夠正常營運下去。

除了財報以外，我也建議各位投資人查看公司發布的法說會資料，相信只要越了解一家公司，就能抱得更安心。

除了上述方式以外，我們可以判讀 10 項重要的財務指標，

老牛小教室

自由現金流量要怎麼觀察？

現金流代表公司是否能夠穩定經營，取決於資金周轉的能力。而現金流量表主要將公司現金流分成營業、投資及融資三大現金來源分析，除了知道公司是否有足夠的能力償還債務，更可以了解資金流動及用途。

若自由現金流量近幾年都是正數，代表公司能留住現金，運用在未來發放股利、還債或投資，除了可以穩定公司財務結構，如發生意外，也有足夠的資金度過難關。

若自由現金流變成負數，就得注意營運是否過度燒錢。若營運中賺的收益無法填補資金黑洞，不僅表示無力再投資未來的研究發展，且更不可能發出股息來回饋股東！

負債比怎樣算合理？

負債比是一家公司負債占總資產的比例，適當的負債比能為公司創造更多獲利；只要公司持續賺錢，再加上借貸利率不會過高，就相對安全。例如：公司經營階層看到 5G 是未來趨勢，為了搶在其他同業之前，先以借貸的方式借入資金建置廠房，未來可以倚靠領先優勢，獲取較多報酬。

通常來說，負債比控制在 50% 以下較佳，此外也須注意負債比率的趨勢，若負債比持續增加，不見得是好現象。

籌碼力中的法人買賣及大戶動向要如何解讀？

證交所提供每日股市交易數據，但礙於資料量龐大，一般投資人無法解讀，故需要籌碼分析軟體來大量分析。

「豹投資」為專業籌碼分析工具，能透過大數據分析，找出法人及券商買賣超動向，並且觀察它們正在流向哪些個股，進而找出主力吃貨的對象。有興趣的投資人可前往「豹投資」（網址：https://www.above.tw）了解。

什麼是法說會？參加有什麼用？

法說會即法人說明會的簡稱，是上市櫃公司主動召開或受到法人券商邀請所舉辦的重要活動，通常每季或每半年舉辦一次，對投資大眾說明公司目前營運狀況及未來獲利展望。而法說會最後的 Q&A 時間，更可以讓公司的高層，如董事長、總經理、財務長等，有機會直接面對投資人、說明公司營運現況與預期，解決「資訊不對稱」的問題。

藉此選出隱形冠軍。建議新手先搞懂下頁圖表 2-7 中的 10 項指標，作為篩選股票的濾網，若該公司股票符合 5 項以下（含）指標，建議先持觀望態度；符合 6 項以上（含）則為適合投資的好股，可以抱緊處理。等到熟悉各項財務指標的意義、懂得如何運用時，再來降低門檻或增加選股條件。

圖表 2-7　選出隱形冠軍的財報檢查表

編號	指標	備註
1	EPS 為正數	買進有賺錢的公司，最好是每年能賺進 EPS 達 2 元以上。
2	本益比＜15 倍	適當的本益比，而非變成存在於未來幻想中的本夢比。
3	連續 5 年以上 發放現金股利	持續穩定發放現金股利回饋股東。
4	本業收益＞業外收益	專注於本業獲利上，而不是用非本業的方式投資營利。
5	近 5 年自由現金流量 為正數	穩定的正向現金流，有助於提升公司的財務體質。
6	ROE＞15%	不只是代表高回報的股東權益，也代表公司強勁營運能力的表現。
7	負債比＜50%	負債比例較低，讓公司不會被高額利息拖累。
8	營益率＞10%	從本業的產品銷售中，能獲得不錯的回報。
9	營運天數 較前一季減少	代表公司生產銷售流程改善，並且收款效率提升。
10	毛利率＞30%	產品有足夠高品質及水準，才能維持高毛利，而非殺價式競爭。

第三章

老牛最愛的 4 種
抱緊股，有吃又有拿

投資成功的關鍵：
聚焦公司，而非股價。

　　台股中，目前上市櫃公司約 1,700 檔，不少投資人都會有選擇障礙，股市新手更不清楚要如何篩選出適合自己的股票。因此接下來，我會從「價值投資」的視角出發，分享我最愛的 4 類抱緊股（見圖表 3-1），其中包含高殖利率、股價位階低、獲利穩健等投資屬性，並且為大家說明，如何使用財報指標篩選準則，及所面對的投資風險。投資人可依據自身的偏好及風險屬性，來調配出專屬自己的投資組合。

圖表 3-1　老牛最愛的 4 類抱緊股

股票類型	說明	投資屬性	投資風險
7% 高殖利率股	殖利率高於市場表現，具保護性	· 位階低 · 獲利穩 · 高殖利率 · 具成長性	適中
金身不倒股	金控或銀行等金融業	· 用錢滾錢 · 價格偏低 · 低波動 · 穩定配息	偏低
步步高升股	盈餘成長率高且未來有潛力	· 位階低 · 高成長 · 產業新 · 營收旺	偏高
落難龍頭股	市場上具領先規模，但股價大跌	· 老字號 · 穩定配息 · 體質佳 · 股價落難期	適中

7% 高殖利率股，
被疫情打敗也能快速爬起

　　大部分認識我的朋友，應該都是從 7% 高殖利率股開始追蹤的，尤其是我的部落格文章「2019 年 7% 高殖利率定存股」（連結請見第 37 頁），超過百萬次點閱，也讓投資人初步了解到，選擇正確的高殖利率股，能夠左拿股利，右賺價差。

　　而我選股的出發點，主要在每年 10 月第 3 季財報出來之後，到隔年 3 月之前，這 5 個月屬於財報空窗期，投資人對於未來的獲利想像空間很大。以長期投資台股的經驗來看，我發現從第 3 季財報公布之後，再到前一年度的獲利及股利公布之前，這段期間因為預期某些有營運規律性的公司，未來有能力發出高額股利，其股價在這段期間，通常都會有不錯的表現空間。

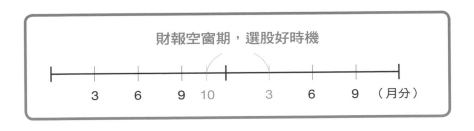

財報空窗期，選股好時機

| 3 | 6 | 9 | 10 | 3 | 6 | 9 | （月分） |

　　由於高殖利率的抱緊股，兼具股利及價差兩頭賺的特性，即便面臨經濟可能不景氣的未來，仍然有著高防禦性的價值。從新冠疫情股災再回頭看股市，那些高殖利率的公司，幾乎都搶先吸引法人及投資人的目光，股價也領先回歸正常軌道。

● **公司除息前：**

除息前，公司在股東會上宣布發放高現金股利，除了表示公司的財務面健全，也是告訴投資人未來營運的正面訊息。這個股利訊號讓投資人浮出了「一鳥在手」的心態，希望能先拿到高額股息來累積未來資產，所以**宣告高股利或高殖利率會對股價產生正面的刺激效果**，在還沒拿到股息前就先激勵股價上漲，亦即左手尚未領到股利，右手就能先賺到價差！

● **公司除息後：**

而在除息後，因為公司所發放的股利越多，除息後的價格相對越低，會使投資人有股價偏低的感覺而吸引眾多買盤，造成高殖利率股票在除息後股價上漲，出現超額報酬。尤其是績優的公司，在除息當天常常出現上漲填息效應。即使一時間不會填息，也要耐心抱緊好公司。還記得第一章提過帆宣除息後從 50 元上漲至百元以上的例子嗎？投資人千萬要把握第二好的進場時機──除權息。

根據證交所統計，台股平均殖利率約 3.67%，以台股 1,700 家公司來看，**大約有 800 家公司都能達到近 4% 的殖利率。**

這幾年我選出來的 10 家 7% 高殖利率抱緊股，其投資組合表現均屬大漲小跌，報酬率相較加權指數好上許多，不僅在順風順水的 2019 年達到報酬率 30%，再次打敗大盤；更在 2020 年被新冠疫情打擊後，股價迅速恢復，營運表現仍不減其風采。

不過，該如何從台股中挑出屬於 7% 的高殖利率股呢？我把

選股策略及代表意義整理成圖表 3-2。

圖表 3-2　選股策略──老牛 7% 高殖利率抱緊股

選股策略	代表意義
去年 EPS＞1 元	過去賺取足夠的獲利來發放給股東。
前 3 季盈餘較去年成長	盈餘成長有機會帶動股利給得越多。
近 2 年盈餘發放率介於 70%～100%	公司願意將盈餘分享給股東，但也不可過度發放。
本益比＜12 倍	盡量挑選相對便宜的股票。
預估殖利率介於 7%～15%	我們的目標是大於 7% 的高殖利率，但也要避開過於誇張的公司。

　　依照初選結果，大概還有將近 100 家公司，投資人依照選出隱形冠軍的財報檢查表（見第 84 頁圖表 2-7）的 10 項財報指標精心挑選後，盡量篩選至 10～20 家，便於管理追蹤。我建議篩選過後的投資組合，必須具備 3 項投資特性：

　　1. **風險分散**：讓投資組合涵蓋不同產業，可橫跨半導體、金融股、再到營建業與生活類股，就能大幅分散風險。

　　2. **獲利成長**：有關投資組合中公司的獲利表現，其近 **4** 季 **EPS** 能超越前一年度的獲利數字更好，代表公司仍在持續成長，隔年有機會發放出更多股利來回饋投資人。

　　3. **年年配息**：投資組合中的公司，最好能夠連續 **10** 年配發現金股利，避免因為大環境的改變或公司突發情況而不發股利。

此外，股利若有連續成長的紀錄會更好，通常股利成長也呼應著上一點的獲利成長特性。

考慮到以上幾點之後，我在 2019 年 11 月底，最終選出的「2020 年 7% 高殖利率抱緊股」清單如圖表 3-3。

圖表 3-3　老牛精選 2020 年 7% 高殖利率抱緊股

名稱（代號）	股價	近 4 季 EPS（2018Q4～2019Q3）	本益比
新巨（2420）	36.4	3.4	10.7
美律（2439）	154.5	16.36	9.44
冠德（2520）	30.7	3.08	9.97
根基（2546）	37	4.27	8.67
堡達（3537）	32.3	3.28	9.85
豪展（4735）	48.65	4.8	10.14
中菲行（5609）	25.85	3.1	8.34
九齊（6494）	32.8	2.93	11.2
元太（8069）	32.6	2.95	11.05
成霖（9934）	18.2	1.91	9.53

資料日期：2019 年 11 月 26 日。

　　依照過往的紀錄來看，高殖利率抱緊股具有股利及價差兩頭賺的特性，即便多頭看似即將結束、未來經濟可能不景氣，仍然有著高防禦性的價值。

　　以根基（2546）為例，它從 2018 年起，已經連續 3 年被我列入「7% 高殖利率抱緊股」當中，如果以 2017 年的最低價 15.85 元計算，一路上漲到 2020 年已逼近 5 字頭，漲幅超過 300%。此外，我們也可以看到公司每年穩定發出現金股利（按：至 2020 年已連續 14 年配發股利），且殖利率來到 7% 以上（見圖表 3-4）。因此根基可說是我最喜歡的 7% 抱緊股，既能左拿股利，還能右賺價差。這樣子穩健獲利並且與投資人共享營運成果的公司，實在應當作為投資首選。

圖表 3-4　根基（2546）股價股利

年度	最低價	最高價	均價	現金股利	EPS	殖利率
2017	15.85	20.95	18.4	1.5	1.93	8.15%
2018	20.9	27.4	24.4	2.16	2.79	8.85%
2019	27.3	39.5	34.2	3	3.84	8.77%
2020	30.5	50	39.4	3	3.79	7.61%

註：殖利率＝現金股利÷均價；2020 年數據擷取至 8 月 31 日。
資料來源：Goodinfo! 台灣股市資訊網。

金身不倒股，防禦值點滿

如果提到現金最多的公司，相信大家第一時間都把「金錢」與「金融股」連結在一起。

在股市中，金融股可說是「有錢」的象徵，也由於金融股用錢滾錢的特性，使得其具備高防禦性，就連股神巴菲特也喜歡投資金融股，他所主導的波克夏·海瑟威（Berkshire Hathaway）多元控股公司，金融股就占了投資比例的三成左右，比方說：富國銀行（Wells Fargo）、美國銀行（Bank of America）、摩根大通（JPMorgan）等標的，都是巴菲特長期持有的金融類投資對象。

把鏡頭拉回台股，從 2018 下半年開始引爆的中美貿易戰，延伸至 2019 年上半年的華為禁運令（一連串以資安問題為由封殺華為的行動），使得成交比重高的電子股幾乎一片倒，成交量急遽下滑、乏人問津，反倒是金融股在 2019 上半年漲勢猛烈。再加上存股風的吹襲之下，**金融股因為價格偏低、低波動與配息穩定的特性**，一直以來都是小資族的首選。

這一波漲勢，更加確立金融股在存股族心中屹立不倒的地位，因此被我稱作「金身不倒股」。它也是我投資組合的其中一塊拼圖，主要以防禦為主，在 2019 年金融漲勢的幫助下，投資報酬率也推升不少。

面對疫情影響，導致全球經濟衰退，美國聯準會為了挽救經濟，在 3 月降息（按：降低存款利率和貸款利率，並相應調整貼

現率）1.5％，台灣央行也降息 0.25％。

疫情牽連企業營運問題，銀行風險提高，增提呆帳（按：指放出的貸款或貨款收不回來的金額）準備，將使銀行投資收益及利息收益都減少；**雖然對金融業造成影響，但同時也將扮演產業復甦的重要助力。**

各國央行緊接著宣布因應措施——稱之為「降息潮」——其利率降幅已經打破前次金融海嘯的低點紀錄。一旦央行降低利率，以往以定存、穩健投資為主的退休族群將會受影響，錢放銀行也可能被通貨膨脹啃蝕掉，錢就變薄了。

那降息會不會造成金融股下跌？

我的看法是放在銀行定存利率大約 1％，存金融股殖利率約 4％～7％，代表買進金融股的預估報酬有可能為定存的 4～7 倍，所以如果金融股的預估殖利率有 5％ 的話，即使買進股票必須負擔市場波動風險，但在「**長期投資**」這個關鍵字之下，是不用太擔心金融股的！

說了這麼多，究竟什麼是金融股？

金融股是一個整體的產業鏈，在這個產業當中，可以概分為金控股、銀行股、保險股、證券股，總共會有 44 家公司。就讓我們從最冷門的倒著講回來。

掃描看更多，
老牛怎麼挑選金融股？

一、證券股（熱門程度：★）

　　證券股總共有 10 家（見圖表 3-5）：統一證（2855）、致和證（5864）、群益證（6005）、宏遠證（6015）、康和證（6016）、大展證（6020）、大慶證（6021）、元大期（6023）、群益期（6024）、福邦證（6026）。

　　這些證券業經營業務涵蓋經紀、自營、承銷、投資信託、投資顧問等，目前國內證券業主要收入仍為經紀業務。國內證券服

圖表 3-5　金融產業鏈──證券股（共 10 家）

代號	名稱	股價（元）	成交張數	股本（億）	上市年數	成立年數
2855	統一證	15.15	3,926	137	18	31
5864	致和證	9.07	441	23.7	2	30
6005	群益證	11.35	3,027	217	14	32
6015	宏遠證	7.51	731	33.8	24	58
6016	康和證	8.76	1,191	59	23	30
6020	大展證	13.9	10	25.2	17	32
6021	大慶證	16.2	85	30.7	17	32
6023	元大期	55.2	88	25	12	23
6024	群益期	38.45	362	21	2	23
6026	福邦證	9.95	1,743	24.6	4	31

資料日期：2020 年 7 月 20 日。

務機構高達上百家，競爭激烈，而市場交易量多寡也會直接影響國內經紀業務收入。證券股本身就很少人討論，所以成交量相對偏低，也就比較冷門。

　　我自己對於證券股的研究也相對較少，有興趣的朋友可以從中挖「莊家概念股」，如：統一證（2855）及群益證（6005）。（註：投資人想要在交易市場中投資金融商品，必須透過券商才能交易，而券商可從中收取服務費用，因此被稱為莊家；而這些證券商也被戲稱為莊家概念股。）

二、保險股（熱門程度：★★）

　　保險股共 8 家（見下頁圖表 3-6）：旺旺保（2816）、中壽（2823）、台產（2832）、新產（2850）、中再保（2851）、第一保（2852）、三商壽（2867）、台名（5878）。

　　這些保險業主要經營人身保險業務，包括壽險、醫療險、癌症險、重大疾病險等各種險種，針對不同需求，而有不同的保險商品種類，提供給需要的人投保。自 2020 年元旦起，臺、外幣保費都將調漲，不僅保費上漲 2%～3%，小額終老保單也將漲價至少 2%～10%。

　　近年熱賣的類儲蓄險保單，過去都是用利變年金；而在保險局限制解約金、要求保單不得虧損及調降責任準備金利率後，近年已轉往利變壽險。所以保險局宣布未來高儲蓄險保單將停賣，壽險的保單內部報酬率（IRR）將只會比銀行定存利率高一點，且保戶保本的時間會延長，也就是未來買單純儲蓄險難度將大幅提

圖表 3-6　金融產業鏈——保險股（共 8 家）

代號	名稱	股價（元）	成交張數	股本（億）	上市年數	成立年數
2816	旺旺保	18.65	206	21.3	28	57
2823	中壽	21.5	5,665	446	25	57
2832	台產	19.7	49	36.2	23	72
2850	新產	36.2	221	31.6	20	57
2851	中再保	19.05	180	59	20	52
2852	第一保	14.15	118	30.1	19	58
2867	三商壽	9.93	2,010	237	7	27
5878	台名	46.1	3	2.5	5	17

資料日期：2020 年 7 月 20 日。

高，主要目的也是要讓保險市場回歸正常化發展。

（按：「利變年金」和「利變壽險」為利率變動型保險的兩種分類，由保險公司每期公告的宣告利率，計算出該保單的保單價值準備金，亦即無固定利率。壽險型保單因存在保額，故比年金型多了危險保費的成本。）

2018 年的壽險股災，保險股因為**產業單一**，所以當非系統性風險發生時，就成為產業重災區，使得大家對保險股避之唯恐不及。台名（5878）是我認為體質還不錯的保險股，因為它的 EPS 近幾年都維持在 3 元以上，並且股息發放穩定，近 5 年間平均配發 3 元股利，殖利率將近 7%；再加上它成交量及波動度都

偏低，是適合穩穩領股利、而非賺取價差之標的。

三、銀行股（熱門程度：★★★★）

　　大家第二好奇的銀行股共計 11 家（見圖表 3-7）：彰銀
（2801）、京城銀（2809）、台中銀（2812）、華票（2820）、
臺企銀（2834）、高雄銀（2836）、聯邦銀（2838）、遠東銀

圖表 3-7　金融產業鏈──銀行股（共 11 家）

代號	名稱	股價（元）	成交張數	股本（億）	上市年數	成立年數
2801	彰銀	19.3	4,931	999	58	70
2809	京城銀	34.95	1,915	112	37	69
2812	台中銀	11.8	3,716	371	36	67
2820	華票	14.85	446	134	25	41
2834	臺企銀	11.1	28,275	713	22	70
2836	高雄銀	9.84	359	108	22	38
2838	聯邦銀	11.2	1,609	288	22	28
2845	遠東銀	11.25	1,590	336	21	28
2849	安泰銀	14.95	98	196	21	27
2897	王道銀行	7.32	1,200	241	3	21
5876	上海商銀	44.55	1,802	448	1	66

資料日期：2020 年 7 月 20 日。

（2845）、安泰銀（2849）、王道銀行（2897）、上海商銀（5876）。

　　銀行業主要從事存款及放款業務。因為國內放款利率價格競爭激烈，加上長期低利率的環境，**國內銀行存放利差幅度始終有限**，而自開放人民幣離岸清算及人民幣存款業務以來，**人民幣存匯業務**成為銀行業熱銷商品，為國內銀行業額外增加利息及手續費收入。

　　此外，國內銀行業近年來積極發展**財富管理業務**，其銷售商品主要為**基金與保險**。基金業務與股市高度相關，保險業務則受到利率水準影響，利率走升時，通常保單銷售狀況較佳。

　　銀行股中討論度最高的是臺企銀，另外，彰銀則是每年都在吵台新金的經營權（按：台新金於 2005 年成為彰銀最大單一股東，後不斷與公股競爭董事會席次，直至 2020 年 6 月，台新金沒拿下法人董事席次，全面退出彰銀董事會），故也頗受注目。

　　台中銀及高雄銀因為股價在 10 元上下、且股利穩定，所以獲得不少存股族鍾愛。在銀行股中我則是比較看好京城銀，因為它在 2019 年華映與綠能倒閉後，提列不少呆帳來因應，造成股價大幅下滑，但未損其財務筋骨；近期獲利動能已然回復，預期 2021 年後可發出 1.5 元以上的現金股利。

四、金控股（熱門程度：★★★★★）

　　大家最想知道的金控股，共有 15 家（見圖表 3-8）：華南金（2880）、富邦金（2881）、國泰金（2882）、開

發金（2883）、玉山金（2884）、元大金（2885）、兆豐
金（2886）、台新金（2887）、新光金（2888）、國票金

圖表 3-8　金融產業鏈──金控股（共 15 家）

代號	名稱	股價（元）	成交張數	股本（億）	上市年數	成立年數
2880	華南金	20.05	6,798	1,217	18	18
2881	富邦金	42.65	6,359	1,023	18	18
2882	國泰金	40.4	9,322	1,317	18	18
2883	開發金	8.94	15,645	1,497	18	18
2884	玉山金	29.25	28,637	1,162	18	18
2885	元大金	18.15	20,347	1,167	18	18
2886	兆豐金	32.45	27,345	1,360	18	18
2887	台新金	13.45	8,424	1,066	18	18
2888	新光金	8.74	21,538	1,302	18	18
2889	國票金	11.55	2,699	285	18	18
2890	永豐金	11	23,573	1,127	18	18
2891	中信金	19.85	21,363	1,950	18	18
2892	第一金	23.1	19,266	1,246	17	17
5820	日盛金	10.4	15,086	371	18	18
5880	合庫金	21.25	7,377	1,295	8	8

資料日期：2020 年 7 月 20 日。

（2889）、永豐金（2890）、中信金（2891）、第一金（2892）、日盛金（5820）、合庫金（5880）。

金控業旗下子公司包括銀行、壽險、證券、投信、投顧或創投等事業體，這也是為什麼我偏好金控股，因為**買一家金控股，就等於把金融產業全包了**。當然金控股也有獲利強弱之分，所以大家要精挑細選。

而金控各子公司間在業務上既獨立也相互合作，像是銀行除了傳統存放款業務外，亦可藉其實體銷售通路，銷售來自壽險、證券、投信之商品，並由證券、投顧提供相關銷售資訊，所以各事業體亦可在獲得客戶同意下相互轉薦，擴大服務的多元性。

在 15 檔金控股中，除了日盛金討論度較低之外，其餘 14 家金控在網路上都有存股族擁護，自成一派。

在金融圈有句名言：「Too big to fail」，意指太大而不會倒閉，我們可以看到 2008 年次貸風暴（之後引發金融海嘯）時，雖然提列了不少呆帳損失，但大型銀行幾乎都還是挺了過來。

金控股之所以為「金身不倒股」，主要是因為在臺灣兩次金融改革之後，**金控股已深入大家日常生活當中**，難以動搖；另外則是股本很大，只有可能去合併小銀行、吃掉小證券、吸納小壽險，**兩家金控要合併機會非常低**。雖然 2018 年時金管會拋出合併（金金併）這個議題，但以現在家族掌控的模式且利益糾葛之下，合併可說是難如登天。

深入金控股來看，我們常以「逾期放款比率」及「備抵呆帳

覆蓋率」這 2 個財務指標，來評估銀行放款品質與承受呆帳的能力。逾期放款比率越低，表示放款品質較高，一般來說**逾期放款比率在 3% 以下，就代表放款品質較佳**；以金融股歷年資料來看，幾乎都在 1% 以下，放款品質佳。而**備抵呆帳覆蓋率越高，表示放款品質越高**，超過 100% 已經代表相對安全；而金控股幾乎都超過 300% 以上，承受呆帳能力高。

 老牛小教室

什麼是逾期放款比率？

簡稱逾放比率（Non-Performing Loans Ratio），是指超過一定期限未正常繳納本息的放款，占總放款的比率，用以顯示金融機構的放款中，可能會面臨到客戶無力償還本息的情況。

逾放比率越高，表示銀行放款品質越差，存款戶的存款安全性越低，容易引發民眾恐慌性擠兌。一般而言，逾放比率在 3% 以下的金融機構，其授信品質亦較佳。

備抵呆帳覆蓋率又是什麼？

可以視為銀行承受呆帳的能力，若覆蓋率越高，代表銀行為每一塊錢的逾期放款所提列的呆帳準備越高，一旦未來發生逾期放款完全無法回收的狀況，銀行所受的影響越小。

至於對金融股有興趣的人要怎麼挑？我會建議初學者進場時，依照這 3 個方法來挑選：

1. 過去 10 年獲利穩定。

這點當然是最重要的，如果過去有過虧損，那一定要特別深入研究。因為金融股是我們作為**防禦性的個股**，趨吉避凶乃必要原則。

2. 殖利率＞4%。

通常我會選擇現金殖利率大於 4% 的股票，若**出現不發股利的情況，那絕對不用考慮**，因為不發股利通常會引發股價下跌，也就是既無法拿到股利，甚至賠上高額價差，對投資人是一大打擊，實在划不來。例如中壽（2823）因為壽險股發生股災，使得它在 2019 年宣布不發股利，造成跌價利空，從此被我列為拒絕往來戶。

3. 成交量＞1,000 張。

近年金融股成為存股族的投資標的，所以熱門討論度較高的，不但成交量會拉高，若波動度加大，投資人也比較有機會賺到價差。所以**選擇標的成交量至少大於 1,000 張**，可以在產業出現非系統性利空時，避掉流動性風險，不會買不到或者賣不掉。光成交量這點，除了金控股及部分銀行股之外，大部分金融個股的確都被篩選掉了。

綜上幾點而言，我喜歡以**金控股為主、銀行股為輔**，保險股跟證券股裡面除了成交量比較大的個股外，我都比較少接觸。對一般投資人來說，大概有很多金融產業股都是第一次知道，倘若不夠熟悉的話，建議還是別碰比較好。

存金融股沒有什麼祕訣，但投資人必須掌握 2 個重點：

1. **長期投資**：都說是金身不倒股了，存股的重點當然在長期投資，雖然每年都有波動，但記得逢低累積買進，買得越便宜越能安心抱緊。我持有金融股都是以「**年**」**為單位**，目前也沒有賣出任何一張。

2. **累積張數**：定存股的意義，是讓它們的股利，成為你的被動收入，也就是靠這些富爸爸給你的零用錢，就足以支應你的日常支出。而我們的目標，是累積 **300 張以上的金融股**，讓每一年度發放的股息，足以因應你每天的開銷。

老牛金身不倒股，投資組合大公開

接下來，跟大家分享我心中最穩的金身不倒股投資組合（見下頁圖表 3-9）——玉山金（2884）、合庫金（5880）、國泰金（2882）、開發金（2883）、京城銀（2809），至於我的投資邏輯核心是：

1. 有吃又有拿。

2. 賺價差。

圖表 3-9　老牛目前持有金融股

代號	名稱	進場原因	出場條件
2884	玉山金	有吃又有拿，會發現金也發股票	停發股票股利
5880	合庫金		
2882	國泰金	遭逢一時利空，以賺價差為主	獲利超過 20% 以上
2883	開發金		
2809	京城銀		

1. **有吃又有拿**：因為有現金股利又有股票股利而買進，若不發股票股利就考慮賣出。

玉山金與合庫金──這 2 家屬於「有吃又有拿」的金融股，那什麼是有吃又有拿呢？就是每年不只會發放現金股利，還會發放股票股利，長期投資下來，會生出不少股子，讓投資人股息、股利都穩穩入口袋。

另外，剛好合庫金屬於官股（按：官方持股，股東為國營事業、中央投資機構或政府機構）、玉山金屬於民營；前者較安全穩定，後者相較獲利能力佳，也算是平均風險，更是我一開始設定投資組合就考慮到的。

2. **賺價差**：價值被低估而買進、於淨值以下買進，獲利 20% 將考慮賣出。

　　國泰金、開發金與京城銀──這 3 家對我來說屬於「賺價差」的金融股。雖然我自己喜歡「有吃又有拿」，不過如果看到因為一時利空而下殺的機會，我也會趁機進場撿便宜。

　　國泰金、開發金屬於壽險金融股，在財務報導準則第 17 號的新會計制度（IFRS 17）下，要面臨的挑戰是過去高利時代推出的高利率保單，必須增提準備金，所以外資大幅調低壽險金融股的評價，股價自然大幅下滑。不過近期隨著帳面上的獲利回升，壽險金融股的股價已見回升，緩步回到正常價格區間。

　　京城銀則是因為 2018 與 2019 年有放款大同集團華映、綠能，後因其破產呆帳而股價大跌，不過近期京城銀被列入 ETF 元大高股息（0056）成分股當中，所以股價最高已經快回到 40 元大關。那賺價差的金融股什麼時候要賣呢？我的標準是：至少獲利 20% 以上，再來考慮要不要賣出就好。

　　以上是我的金身不倒股投資組合，建議各位投資人研究過金身不倒股後，組合出適合自己的金身不倒戰隊。

步步高升股，避免前浪死在沙灘上

　　「不進則退」代表企業不可能永遠停留在一個規模，如果不能持續進步，意味著會被後浪迎頭超越；不進步就是退步，持續退步則是淘汰出局。

　　在股市中，**盈餘成長率高、未來有潛力**，最重要的是**市場評**

價不正確的標的，稱為「價值成長股」，當我們能在股價相對低點買進這些有成長潛力的中小型股，就可以享有價值回歸及盈餘成長的雙重回報。

2019 年時，股市漲勢不斷，成長股成為名副其實的成「漲」股。不少人誤以為股價上漲等於獲利成長，事實上在吉姆・史萊特（Jim Slater）的著作《祖魯法則》（*The Zulu Principle*）中，對於「小型蓬勃成長股」主要有 3 點定義：

1. 盈餘成長且呈現上升趨勢。

2. 本益比相對便宜且評價提升。

3. 記得避免付出離譜的價格。

以財報的角度來分析，營收成長率可以看出企業是否成長，營收年增率如果大於零，代表公司正在穩定成長，只要找到體質好的公司，再依靠營收加持，股價就能一路走高。這樣的成長預期也能刺激股價上漲。

$$營收年增率 = \frac{當年營收 - 去年營收}{去年營收} \times 100\%$$

（註：若想計算季或月增率，只要把公式中的「年」替換成季或月，並代入相應數據即可。）

我習慣在上半年公司財報公布後，掃描有獲利成長的個股，

列入未來投資的觀察清單。而這些個股都必須具備「三好＋一旺」的條件，才有望成為上半年成長、下半年更旺的「步步高升股」；其中三好意指月、季、年皆呈現上升趨勢，一旺則表示下半年營收旺：

- **月營收成長**：月營收年成長率＞0。
- **季 EPS 增加**：上半年 EPS 成長率＞0。 ⎤
- **年現金股利增加**：今年現金股利＞去年現金股利。 ⎦ 三好
- **下半年旺**：近 2 年下半年營收＞上半年營收。 → 一旺

　　以上述篩選條件挑選出來的個股，具備三大特性：**位階低、成長高、營運穩**。

　　談到成長股，智邦（2345）絕對足以當成範本。智邦成立於 1988 年 2 月 9 日，主要致力於研發、設計和製造高速乙太網路交換器、無線區域網路產品、寬頻產品，其實就是這幾年正夯的 5G 概念股（按：概念股是以依靠相同話題，將同類型的股票列入選股標的）。

　　因為 5G 產業成長趨勢不變，智邦業績具有穩定的基本盤；此外，隨著 5G 商轉，其營運也開始發酵……最初股價偏低，接著加上成長題材加持，等待時機一到，就是沿路上漲！從每年的獲利表現（見下頁圖表 3-10），就可以確認智邦是一檔營收、獲利、股價兼具的步步高升股。

　　此外，智邦所製造的網通設備外銷歐美占了 87％，有聽出玄機嗎？原本市場上認為，在疫情期間產品會賣不出去，錢就進

圖表 3-10　智邦（2345）每股盈餘及股價

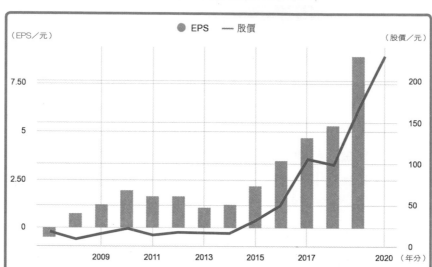

資料來源：優分析。

不來，造成智邦股價兩度跌停，最低來到只有 137 元。但是代誌沒那麼簡單——也因為疫情所帶動的拉貨效應（不少公司擔心疫情期間沒有產品可以銷售，要求廠商增加產量且提早交貨），3 月營收有 46.52 億元，較前一月增加 36.89％。截至 4 月為止，營收仍然是正成長（見圖表 3-11），股價也就攻上 200 元，最高來到 235 元，較股災時來說，股價上漲超過 70％。

再來我們可以看到敦陽科（2480）。

敦陽科是國內最大的系統整合廠商，為客戶提供最完善的資訊系統整合服務，現已有超過 5,000 家客戶，國內 1,000 大企業中半數是敦陽科的客戶，上市櫃公司中也有六百多家為其客戶，

圖表 3-11　智邦（2345）月營收

年度／月分	月營收（千元）	月增率（％）	去年同月營收（千元）	年增率（％）	累計營業收入（千元）	累計營收年增率（％）
2020/04	4,071,989	-12.46	4,533,144	-10.17	15,796,241	6
2020/03	4,651,577	36.89	4,360,282	6.68	11,724,252	5.43
2020/02	3,397,996	-7.52	2,883,249	17.85	7,072,675	4.63
2020/01	3,674,679	-28.32	3,876,136	-5.19	3,674,679	-5.19
2019/12	5,126,867	20.25	4,940,266	3.77	55,401,047	28.56
2019/11	4,263,495	-8.15	4,006,967	6.4	50,274,180	31.77

3 月營收爆發，月增率 36.89%　　　　　　**截至 4 月營收仍維持正成長**

代表性客戶有台積電、政府單位以及不少金控公司，橫跨了各行各業。

　　2019 年敦陽科營收 55.2 億元，年增 18.8%（2018 年是 46.48 億元），稅後淨利 4.47 億元，每股盈餘 4.2 元，為 18 年來新高（見下頁圖表 3-12），亦為掛牌以來次高；2020 年現金股利 4.45 元，是連續 23 年發放股利（見第 111 頁圖表 3-13），而且股利創下連 4 年成長。

　　2020 年第 1 季營收 13.08 億元，稅後淨利 1.3 億元，較 2019 年第 1 季的 1.23 億元成長了 700 萬；每股盈餘是 1.22 元，2019 年第 1 季則是 1.15 元。有這般不俗的表現，也難怪敦陽科的股價一路上漲，步步高升！

圖表 3-12　敦陽科（2480）歷年每股盈餘及股價

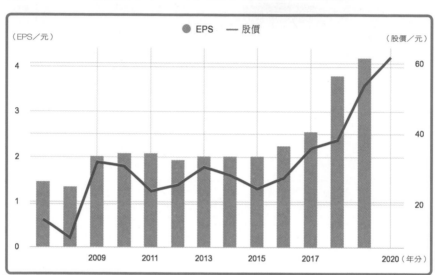

資料來源：優分析。

　　2020 年上半年雖有疫情干擾，但對整年業績影響應該有限，而新冠肺炎提升了企業對網路、儲存與資安需求，使敦陽科獲得客戶詢問，已有相關 IT 需求浮現。除了延續 2019 年資安、AI、金融等需求外，純網銀、5G 商機也將帶來新的動能，其中，純網銀業者陸續開業，而 5G 頻譜競標完成後，國內電信業者預計下半年起陸續啟用，過去電信業占敦陽科營收比重接近兩成，敦陽科可望因此受惠，預期營收、獲利將再拚新高。

　　以過去的投資經驗來說，成長股是幫自己的投資組合注入一劑強心針，在許多主動選股的投資人眼裡，是打敗大盤的功臣。但成長股股價波動度較大，仍然讓不少投資人又愛又怕，主要來

圖表 3-13　敦陽科（2480）歷年股利政策

發放年度	現金	股票	合計
2020	4.45	0	4.45
2019	3	0.42	3.42
2018	2.62	0	2.62
2017	1.94	0.16	2.1
2016	1.8	0.2	2
2015	2	0	2
2014	2	0	2
2013	2	0	2
2012	1.9	0	1.9
2011	1.87	0	1.87

＊自 1998 年以來，已連續 23 年配發股利。

資料來源：Goodinfo! 台灣股市資訊網。

股利連 4 年成長

自於無法克服這 3 個糾結：

1. **不知道該如何選**：再次強調我篩選成長股的準則：「三好＋一旺」（見第 107 頁），請大家把握「成長、成長、再成長」的原則，將眼光放遠來看，再從各個角度來分析，並且謹慎選擇標的。

2. **擔心不會持續成長**：我常常被問到，為什麼某一家成長股營收突然下滑了？其實不用太擔心，成長型公司的獲利能力都十分強勁，有時雖受外在因素影響而**暫時居於劣勢**，但最終都能展

現出耀眼的光芒。

3. **成長股震盪劇烈**：成長股的波動不小，報出好消息的時候，拉上漲停板；爆出壞消息時，也可能出現跌停。而成長股波動度較大，也是讓投資人在短期間抱不緊的原因之一，不過只要**成長趨勢不變**，每次股價拉回，都有可能是買進的好機會。

建議各位投資人依照自己的投資屬性來配置成長股。不懂如何看股價趨勢的人，**盡量找營運比較穩定、長期獲利有成長，但是股價波動平緩的公司**，這樣子才能讓自己安心抱緊。

落難龍頭股，老大哥落魄只是一時

接下來要介紹的是「落難龍頭股」。當提到龍頭股時，大多數人第一時間都會想到台積電（2330）、鴻海（2317）、大立光（3008），這三家公司在世界上占有舉足輕重的地位。

一般來說，龍頭股帶有幾種特性，如：**市值較高**（例：台積電）、**產業獨占**（例：中華電〔2412〕）、**營收最高**（例：國泰金〔2882〕）。又因為龍頭股於市場上具領先地位，再加上不會倒、有穩定營收，以長期投資來說，算是滿穩健的投資標的。

而我認定的龍頭股必須具備 3 個條件：

1. 老字號。

舉例來說，**大家耳熟能詳且為傳產龍頭股的「台塑四寶」**，

是指台塑（1301）、南亞（1303）、台化（1326）及台塑化（6505），這四寶的母公司——台塑，至 **2020 年已成立 66 年、上市 56 年**，目前旗下事業橫跨塑膠、煉油、石化、纖維、紡織、電子、能源、運輸、工務、生物科技、醫療、教育等領域。不過很多人不知道的是，台塑四寶不僅是石化產業龍頭，每年營收金額還是傳統產業中前 10 名，2019 年總營收加總超過 1.4 兆元。其中營收最高的是台塑化，2019 年有超過 6,460 億元的營收金額，其他三寶也有 2,000 億元以上，當然算是撐起臺灣一片天。

2. 穩定配息。

不只挺過 2000 年的經濟泡沫危機，連 2008 年的金融次貸風暴也沒有擊垮台塑集團。台塑四寶的**盈餘配息率高達 7 成以上，並且近 18 年來連續發放股利**，從不曾間斷。我偏好這種即使外在環境出現變化，也能夠穩定配出股利的標的。

3. 體質佳。

股神巴菲特告訴投資人，要找到能夠源源不絕創造現金的公司。從自由現金流的財務體質來看，台塑四寶在面臨產業不景氣的時候，仍然能夠持續為公司帶來正向現金流，而且負債比幾乎都低於 30%，財務狀況較為穩健。

綜觀台塑四寶，具備老字號、穩定配息及體質佳等條件，財務狀況穩健，即使遭逢產業景氣低迷，相信也能順利度過。

不知為何，台股上萬點之後，大盤震盪變化越趨明顯，只要國際政經局勢出現風吹早動，抑或是國內景氣、公司營運發生變化，總是造成大盤指數或個股股價過度反應，即便是被稱為牛皮股（按：指股票價格上升或下降幅度不大，有如牛皮一般堅韌）的產業龍頭股，也常出現一天 3% 以上的震幅，使不少投資人無法安心抱緊。

股價不會影響公司是否賺錢，不過公司是否賺錢會影響股價——不少投資人把股價作為評斷一家公司的標準，但多數情況反而該注重公司能否維持賺錢的能力，這才是正確的投資態度。

有時候在市場上，我們可以看到公司股價維持在低檔，而這大致能歸納為 3 個原因。

1. **大戶／法人站在賣方**：在市場中，籌碼變化是一股不小的推動力量，當大戶或法人都持續賣出，股價自然會逐步下滑。

2. **非市場主流股**：當市場籌碼流向其他主流股，其他非主流股就會被冷落。

3. **處於景氣循環低點**：若公司屬於景氣循環股，例如：鋼鐵、水泥等，當它們剛好處於獲利低檔期，尚未看到景氣春燕，股價也會處於低檔。

以上這些原因都會使得股價一時被冷落，此時就是價值型投資人透過評估內在價值，來衡量與外在價格的落差，藉此買進以賺取價差的機會。

對我來說，落難龍頭股也是很不錯的選擇。這類型個股除了

得是該產業的龍頭，還有 3 個選股重點。

1. **獲利維持正成長**：在公司維持正成長的情況下，如果只是一時評價下滑，不過公司的成長動能仍在，且獲利持續成長，市場才會認錯回頭，從賣超轉為買超。倘若公司真的沒有成長，至少要維持獲利穩定的情況。

2. **股價出現腰斬**：在市場恐慌的時候，股價通常會進入修正期，而越恐慌、股價下跌越多，導致錯殺的情況出現。當市場價格與公司內在價值出現大幅偏差，就是價值投資的好機會。記得耐心等待股價腰斬的時機，不然至少也等股價從最高點向下修正 30％ 以上，再出手也可以。

3. **殖利率維持近 4％ 以上**：承上，因為公司進入景氣循環，從產業旺季進入淡季、甚至進入蕭條期；而投資人要能夠撐過半年、一年甚至數年的循環期，公司最好能夠持續發放股利，且殖利率不低於 4％。為了避開誤判的風險，在殖利率的保護傘下，投資人較不會賠上太多價差。

　　我的投資策略以「三成攻擊，七成防禦」為主，因此我會從前面介紹的這 4 類抱緊股當中，搭配出向上攻擊且自帶防禦屬性（穩定）的投資組合。

　　你可千萬不要以為防禦型個股不會飆漲哦，只要時機一到、變成攻擊姿勢（上漲），常常會漲到投資人抱不緊，由此更能看出深入讀懂一家公司的重要性。

第四章

大家都想買在便宜價，要怎麼衡量一家公司的股價？

別用便宜價買爛家具，
要以合理價買最好的家具。

如何衡量一家公司的股價，一直以來都是讓投資人十分困擾的問題。當朋友問我：「這檔公司的股價現在是否適合進場？」、「公司的合理價應該是多少？」我反而喜歡跟他們分享一個小故事。

投資有如製傘或水車，都要深耕等待

　　從前有個人準備學一門手藝，但要學什麼好呢？他總是拿不定主意。思來想去，剛好看到外面正在下雨，突然靈光一閃，想到雨傘人人都要用，便去拜師學習如何製作雨傘。兩年後學成出師，師傅送給他一整套的製傘工具，讓他自謀生計。

　　他回到故鄉之後，開了一家雨傘鋪，開始專心製傘。可惜當時旱情持續了一年，他的雨傘總共沒賣出去幾把，他一氣之下，索性扔了製傘工具，鋪子也關了。

　　當他來到街上閒晃，看見很多人都在詢問水車要去哪裡買，於是轉而學做水車；沒想到學會之後，卻又碰到大雨不停，沒人需要水車。他只好重新購置做雨傘的工具，可是等他剛做好幾把雨傘，天又放晴了。

　　後來，他覺得做雨傘和水車都需要工具，而這些工具又都是鐵的，何不去學鑄鐵呢？但歲月不饒人，此時的他已經掄不動大錘了⋯⋯。

　　要評估一家公司股價，可以說有上百種估價公式，每一條公式計算出來的結果都不太一樣。到底該學哪一種好呢？對此可千

萬別像故事的主人翁那樣三心二意。在眾多選擇中，我仍會建議以「現金股利」及「本益比」作為基準的估價方式。

　　買得夠便宜，就不用擔心何時要賣；也就是說，只要能夠於低檔買進，在成本極低的情況下，股市再怎麼震盪也不用過於擔心恐懼。接下來，我會介紹 **2 種評估股價方式：股利價值線、本益比河流圖，讓大家只要看圖，就可以知道目前股價位於何種位階，是偏高、適中，還是偏低**。而我自己也常用這 2 種方式來評估股價。

　　不過股市瞬息萬變，股價也並非一成不變，在開始估價之前，大家得先了解影響股價的 3 個變數。

影響股價的三大變數

　　影響股價變動的因素很多，上自政策影響、再到產業變化、下至公司營運，都有可能在一夕之間造成股價劇烈波動，很難正確推測出一家公司的股價漲跌原因。所以投資人千萬不要鑽牛角尖於股價的每日波動，還是得回歸到價值上。

　　大抵上來說，影響股價的三大變數包括：資產價值、衡量誤差、外部評價（見下頁圖表 4-1）。

1. 資產價值：

　　資產是公司內具有經濟效益的財物，如有形資產、無形資產、企業權益等，都需要衡量價值。會計中用來衡量一家公司價

圖表 4-1　影響市場價格三大變數

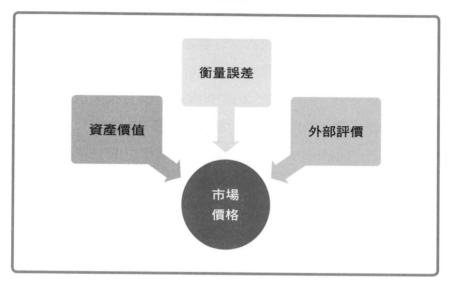

值的方式，最常見的就是「淨值法」，也就是一家公司的資產扣掉負債後的價值，亦即我們看到的帳面價值（股東權益）。

以鴻海（2317）為例，我們可以從資產負債表（見圖表 4-2）中，看到鴻海的資產淨值為每股 87.45 元（2020 年 Q1），對照鴻海該季的收盤價 69.9 元，代表其公司淨值大於股價。

一般來說，對於具備賺錢能力的公司而言，淨值可說是股價的起跑點。大部分的公司股價都能在淨值以上，亦即在淨值以下買進，長期下來可以獲得不錯的投資報酬；倘若是發生虧損甚至逐步衰退的公司，股價也會低於淨值，甚至跌破 10 元的票面價（面額），投資人務必小心檢視標的的獲利能力及長期走勢，篩選掉這種不賺錢的公司。

圖表 4-2　鴻海（2317）單季資產負債表（擷取）

股東權益	2020Q2		2020Q1		2019Q4		2019Q3	
	金額	%	金額	%	金額	%	金額	%
（前略）								
股東權益總額	13,257	43	13,701	45.3	13,996	42.1	13,411	39.3
待註銷股本股數（萬張）	0	-	0	-	0	-	0	-
母&子公司持有之母公司庫藏股（萬張）	0.15	-	0.15	-	0.15	-	0.15	-
預收股款（萬張）	0	-	0	-	0	-	0	-
每股淨值（元）	84.38	-	**87.45**	-	89.46	-	87.05	-

資料來源：Goodinfo! 台灣股市資訊網。

2. 衡量誤差：

　　在衡量一家公司價值的過程中，因為使用的金融工具不同（例如：貨幣或貴金屬）、或因為當時匯率及利率的變動，會造成衡量時出現偏差。尤其在價格每日變動的狀況下，所做出來的預測錯誤機率高，其偏差也會跟著加大，當然衡量結果也就值得懷疑。

　　例如光洋科（1785）這家公司被稱為「金價概念股」，係因其營業項目主要從事貴金屬回收再利用，只要金價上漲，市場上

便會預期這家公司的獲利能夠成長。可是黃金的報價每天都在改變，用價格的每日波動來預測公司的未來獲利，如此衡量公司股價，極有可能造成大幅誤差。

3. 外部評價：

　　最後一項價格變數——外部評價，是指**市場對公司的評價**，而公司未來營運的新科技或新產品，能讓大家進入獲利成長的白日夢當中。就像在拍賣會上，每位買主對同樣一件藝術品，心中都有屬於自己的一個價格；對於同一家公司、在同一個時間點，每間研究機構估算出來的價格都不同。

　　宏達電（2498）應該是最適合拿出來討論的例子。如果單看 2011 年財報中所揭露的公司每股淨值為 121.03 元，但因市場看好其營運爆發力，使得當年度股價最高攻上 1,300 元，坐上股王寶座；但時至今日（2019 年），宏達電營運不佳導致連連虧損，市場上對其營運評價不斷往下調降，即使每股淨值仍有 42.57 元，但該年度收盤價僅剩 38.45 元（見圖表 4-3）。

　　我們無法掌握市場外部評價，但如果懂得解讀財報，就能控制另外 2 個價格變數；且從財報中估算資產價值以及降低衡量誤差，讓我們估算出來的合理價格，離真實價格越接近越好。換句話說，若投資人**掌握了資產價值及衡量誤差這 2 項價格變數**，等於掌握了一半以上的勝算！

圖表 4-3　宏達電（2498）年線圖

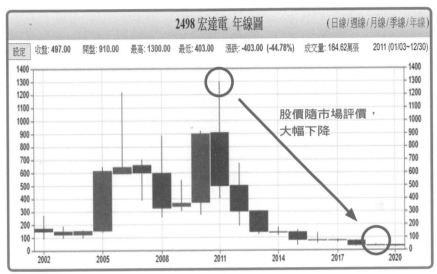

資料來源：Goodinfo! 台灣股市資訊網。

別只賺 2%，贏回你的 20%

經常看到別人說，某檔股票我都在○○元買、××元賣，說起來很簡單，但若不去深入了解公司的價值，而**單純以價格為切入點，很難在實戰中賺到錢**。尤其是這些人常常喜歡「區間操作」，反倒被心理因素掌控，結果賺了 2% 賣出後，就看著股價一路飛天，錯過後面的 18%。

區間操作的意義是某些個股下有支撐、上有壓力，它們的股價常常會在某段區間上下震盪，只要在支撐的價位買進、在壓力的價位賣出，就可以獲取報酬。這種區間操作的觀念除了被新

聞、分析師提及，也不斷在臉書社團中出現，造成許多人以為區間操作很容易。

事實上，區間操作未必如你想像中那麼美好，反倒害你養成不少壞習慣。接下來會用實際案例說明**區間操作的 3 個盲點**，修正一些投資人的錯誤觀念，之後才能穩抱好股常保平安，未來更不會錯過賺到 20% 的機會。

仁寶（2324）（按：筆記型電腦、手機代工大廠，全球第一大筆記型電腦製造商）就是常聽到投資人要區間操作的其中一檔（見圖表 4-4）；很多人說 18 元買、19 元賣，每股可賺 1 元，大概是 5.5%（1÷18）左右的報酬率。經過統計之後發現，在近一年當中你只會出現 2 次買點、2 次賣出點，如此共賺到 2 元價差，獲利 11%。

理想中的操作看似簡單，但實際上因心理因素作祟會如何？

實際上，仁寶在 2019 年 8 月時出現第一次機會（跌到 18 元），吸引你進場，但股價先是續跌至 17.5 元，接著才逐步回升到 18 元，再漲到 18.5 元。當你暗自開心的時候，結果股價猝不及防的再次跌到 18 元以下，你心中不禁閃過「**早知道 18.5 元就先賣一波**」的念頭。

還好還好，這次運氣不錯，股價沒有跌太久，不到一個月就突然往上彈到 19 元（11 月）。所以依照「**別人跟我說的**」，你在 19 元賣出，**持有時間為 3 個月，獲利 5.5%**。

接著因為新冠疫情，第二次買進仁寶的機會出現在 2020 年 1 月。但凶猛的病毒就不一樣了，全球股市急殺，仁寶的股價也

圖表 4-4　理想中的區間操作：以仁寶（2324）為例

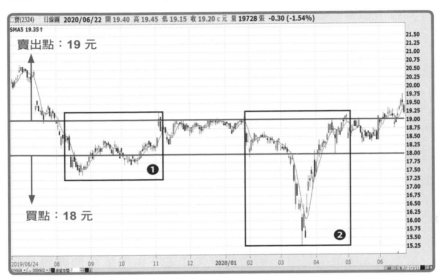

資料來源：XQ 全球贏家。

一路狂跌至 15.25 元才停止，還好在 3 月底就彈升回 18 元，再花了 1 個月回到 19 元，你再次獲利賣出，這次一樣持有時間為 **3 個月，獲利 5.5%**。兩次結果加起來，共獲利 **11%**。

　　雖然實際結果和理想中的一樣，不過過程可是完全不同。相信你如果心中抱持著短期賺價差的心態，面對疫情的利空新聞不斷衝擊，這 3 個月對你來說應該相當煎熬。

區間操作：理想很豐滿，現實卻骨感

　　從仁寶（2324）的例子來說，實務上區間操作的時候，問題

往往不少，造成你賺到的通常不會是預想的 11%，而是打對折的 5.5% 而已（見圖表 4-5）。

為什麼會這樣？有幾點問題要分析：

1. 操作區間越來越小。

當你時常去關注股價，就容易被魔鬼誘惑——看著股價每天漲漲跌跌，你的心也會跟著搖擺不定。結果第一次漲到 18.5 元、卻又下跌回 18 元時，「早知道 18.5 元就先賣一波」的念頭便出現了，所以之後一漲到 18.5 元，就會立刻想要保住獲利而賣出，導致賺不到後面那一段。

如此三番兩次之下，結果就是操作區間越來越小、獲利空間越來越壓縮，**理想中的共賺 2 元價差、獲利 11%，直接打對折變成共賺 1 元（0.5＋0.5）價差、獲利 5.5%**，導致投資越來越賺不到錢，常常小賺就跑、大賠就套牢。

2. 沒有主見，不知所措。

如果別人以過去的經驗告訴你，如何選股在什麼位階買賣、如何去操作一檔個股，而你卻常常沒有深入研究，心中也沒有什麼想法，便容易以「別人跟我說的」為行動準則。

這樣一來，你或許三不五時就會心慌意亂，碰到大跌時更是沒有主見、不知所措，**就連面對股災，也會不知道要續抱，還是該停損。**

圖表 4-5　實際上的區間操作：以仁寶（2324）為例

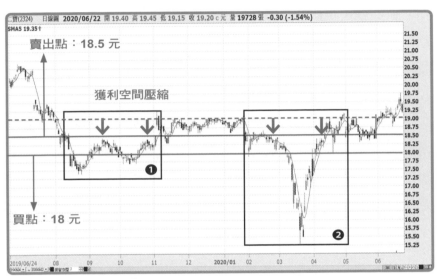

資料來源：XQ 全球贏家。

3. 判斷越多，錯得越多。

最後聊聊「持有時間為 3 個月，獲利 5.5％」的狀況。接下來仁寶近 4 個月的空窗期，股價都在 19 元的高檔，完全沒有進場機會。喜歡區間操作的人通常都有一張「豪華」的清單，記錄著滿滿的候選股。

眼看仁寶沒有買進機會，區間操作愛好者勢必會想將資金投入其他個股。但是買入其他個股後，若沒到達賣出點，而仁寶偏偏在這時出現 18 元的買進訊號，許多投資人會選擇左手認賠賣掉其他股、右手買進仁寶，然後判斷越多、錯得越多，**承受著賣出就漲、買進就跌的壓力**。

我們都沒有時光機，永遠無法正確預測未來會發生什麼事情。倘若在不正確的心態下，進行區間來回操作，再加上每次判斷未必正確，將導致每次越賺越少、最終資金完全卡死，不得不認賠停損。一時停損一時慘，一直停損一直慘，如果常常哀嚎停損，那最後幾乎沒辦法笑著賺錢。

　　再來看看我抱很久的英業達（2356）（按：主要從事電腦、消費性電子、通訊、資訊及網路應用等領域的研發和製造），其實也有類似的討論狀況。我常在臉書社團中看到別人說：「英業達適合區間操作，只要在 22 元買進、然後 24 元賣出，每次可以來回賺 9%（2÷22）。」（見圖表 4-6）

圖表 4-6　理想中的區間操作：以英業達（2356）為例

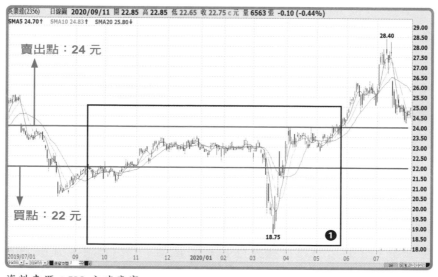

資料來源：XQ 全球贏家。

以上述區間操作的盲點來看，英業達股價一路跌跌撞撞，通常喜歡區間操作的人，只會落入越賺越少的實際狀況。對於把賣出點下修成 22.5 元的人而言，自 2019 年 4 月到 2020 年 6 月，總共進場 2 次、每次只賺 0.5 元，共賺 1 元，獲利 4.5%（見圖表 4-7）。

但以我抱緊處理的情況來看（見下頁圖表 4-8），若在 22 元以下的便宜價買進、每年給你 5%～6% 的高殖利率；而且在 2020 年 6 月，股價甚至漲到 26 元，報酬率已經將近 20% 了，後續最高更上漲至 28.4 元，用 20% 的報酬率來計算，你已經賺到超過 3 年的股利（按：英業達近 5 年的股利平均為 1.46 元，

圖表 4-7　實際上的區間操作：以英業達（2356）為例

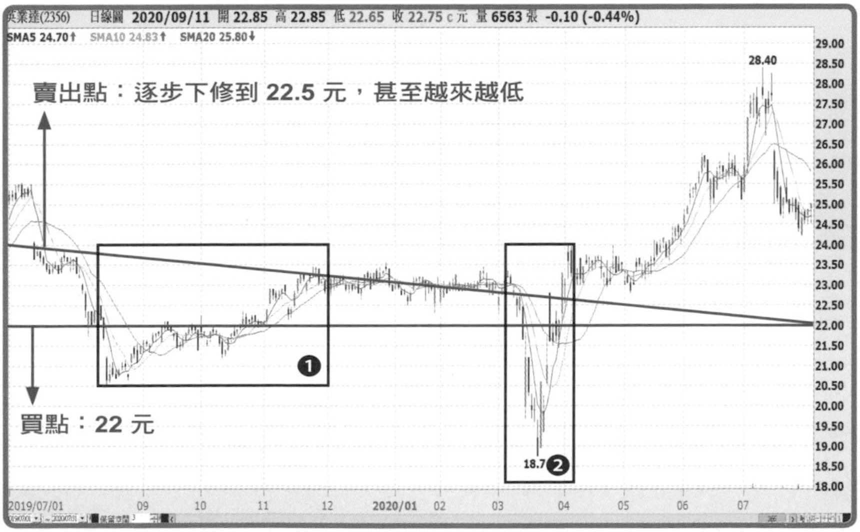

資料來源：XQ 全球贏家。

圖表 4-8　抱緊處理：以英業達（2356）為例

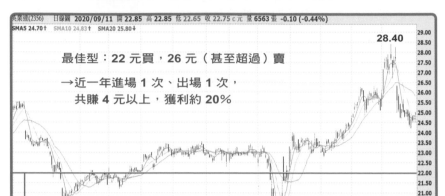

資料來源：XQ 全球贏家。

平均殖利率為 6.22%）。所以千萬不要只賺 2% 的小菜，然後錯過 20% 的大餐，真的會搥心肝。

誰知道股價會漲還是跌？歷史知道

美國小說家馬克・吐溫（Mark Twain）曾說：「歷史總是驚人的相似，但不會簡單重複。」當我們回頭看一家公司的歷史股價，也可以發現其漲跌循環總是以類似方式不斷重複，累積經驗就能輔助投資判斷。

所以我希望告訴大家，股價是如何循環的，投資人也能透過

理解股價位階，來考慮現階段是否為進場投資的好時機，抑或是在碰上過熱階段賣出持股，然後這段時間在場外觀察就好。

　　只要進場價格夠低，這筆投資等同於贏了一半，畢竟買進的價格高低與投資能獲利多少，呈現高度正相關。接下來我會先分享股價漲跌週期（見圖表 4-9），並讓各位投資人知道股價位階的時機點，只要眼光不同、境界不同，那結果也會有所不同。

圖表 4-9　股價漲跌週期

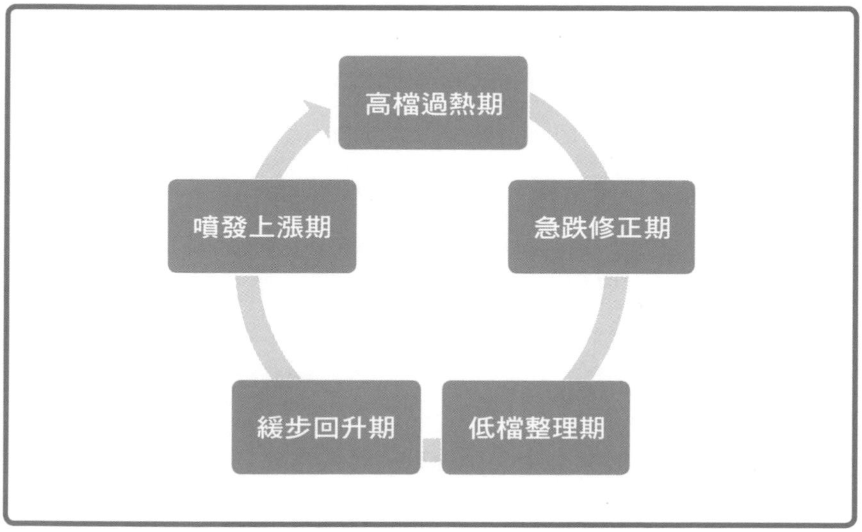

1. 高檔過熱期。

　　為什麼從高檔過熱期開始說起？因為這是最多投資人看到一檔股票的時候。在這個階段，利多新聞最多，而且股價出現漲停板的機會很高，當然**最吸引投資人注目**，而這個階段占股價漲跌

週期的 15% 左右。

　　不少投資人會在這個時間點追高進場，或者是在股價拉回時伺機買進，想要上車賺點零用錢，小賺就想跑。大家明明都知道遇到高檔不能追高，卻又喜歡在這裡玩「你追我跑」的遊戲，看看到底誰才是最後一位笨蛋。

2. 急跌修正期。

　　不過，這一天終究是要來的……在一片祥和的情況下，股價突然急轉直下；即使股價並沒有出現跌停板，但連續幾天的跌勢不斷，也會讓你抖到不行，心中一直疑惑：到底發生了什麼事？

　　在極短時間內，股價可能下跌 20%～30%。不過這段**高檔急跌修正的時間不會太長**，大約占漲跌週期的 10%。如果沒有在第一時間停損的話，抱到後來面對這麼一大段虧損，大概也不會認賠殺出了。

3. 低檔整理期。

　　低檔整理期是**整個週期中最長的一個階段**，占週期長度約 50% 的時間。在這段期間，股價雖然已經脫離最低點，但也只是在低檔上下遊走；即使稍有起色，未來仍不明朗，不知道什麼時候才會走向回升期。

　　也有人說這段期間為主力吃貨（按：吃貨相關解釋請見第 75 頁）階段，當主力還沒有吃到足夠的籌碼，股價就會在這裡繼續磨下去，考驗投資人的耐心。

4. 緩步回升期。

　　恭喜你撐過了最無聊的時候！主力吃飽之後，股價終於從低檔發動了，列車開始緩速啟動，股價沿路緩慢回升。如果在低檔有抱緊的話，這個時候報酬率可以達到 20％～30％，有些人可能已經滿足了，所以選擇下車獲利了結，但……**這裡並不是股價的終點站。**

　　此階段約占週期長度的 15％，列車仍然持續前行，股價一路往上漲，提早下車的投資人會怨嘆自己抱緊功力不夠，只吃到小菜，而未真正嘗到美味的正餐。

5. 噴發上漲期。

　　這個階段考驗著抱緊處理的功力，能獲利多少，真的得靠自己的經驗來判斷。這段期間不會持續太久，占整體股價漲跌循環週期中的 10％，雖然時機不長，卻是**讓我們獲利最大的一段時期**，只要吃到這段**最甜美的魚身**，那也可說是功德圓滿、口袋飽飽了。

　　由於每個人看到股價的時機點不盡相同，有些人看到的時候，已經屬於高檔震盪期，再去追高的話，賺頭真的不多；而且投資人要避免自己接到最後一棒，風險相對高。

　　我自己較喜歡買在沒有壓力的低檔整理期，買進後可以不用太理會短期的股價震盪，只要這段期間有穩定的股利挹注就好，剩下就交給時間讓股價慢慢發酵。即使這段期間不是最有「效

率」的時間，卻是最有「效果」的，因為在這個時機點買進，幾乎每次都能穩穩獲利，又能在低檔抱得安心。

成功投資的關鍵就在於：**在緩步回升期前買進，在急跌修正期前賣出**。若想挑個賺得最有效率的進場時機點，那當然是挑在緩步回升期，省去在低檔整理期苦等的時間。不過要如何判斷時機？就得靠投資人自己的經驗，與交易系統（進場條件、資金管理、出場條件）的輔助囉！

2 張圖，教你怎麼買在便宜價

從股價漲跌循環就可以知道，基準點的判斷相當重要。先找到基準點的位置，就可以知道現在股價位在低檔還是高檔；再加上時間長度的判斷，更可以知道目前位於哪個階段，進一步分隔出「便宜價」、「合理價」及「昂貴價」的區間。

我在上一本書《股海老牛專挑抱緊股，穩穩賺 100％》中，教大家如何使用「現金股利」與「本益比」來推估出便宜的價格區間。在本書，我將介紹前述 2 種估價法的延伸——**股利價值線圖、本益比河流圖**，這 2 種方式皆以圖形呈現，讓大家可以清楚明白，目前的股價位階，到底是適合抱緊的便宜價、符合市場價格的合理價，還是風險較高的昂貴價。

一、股利價值線圖。

每年 3～5 月，各公司陸續公布去年財報與今年股利發放結

果，投資人無不期盼著公司將獲利轉為股利，回饋給股東，尤其是吸引人的現金股利！價值投資之父葛拉漢認為投資人購買公司股票的目的，就是賺取適當的報酬，除非企業保留盈餘所能創造的價值，超過將股利發給股東的價值，否則企業應將盈餘以股利的方式發給股東。

　　一旦企業發出**高額股利**，使得**殖利率提高**，投資人也會爭相買進這些高殖利率股票，**推動公司股價上漲**，間接造成許多企業都有高盈餘發放率的情況出現。因此一直以來，「現金股利」不只是我作為股價上漲時攻擊的利器，更能作為防禦時的堅盾，即使外在環境造成一時震盪，也不會過於擔憂。

$$殖利率 = \frac{股利}{股價} \quad \Rightarrow \quad \frac{股利 \uparrow}{股價} = 殖利率 \uparrow$$

　　在上一本著作中，我跟大家介紹的平均現金股利估價法，利用過去 5 年企業發放的現金股利來推估企業的價格位階，以便宜價、合理價、昂貴價這 3 個價格來區隔，讓投資人參考。一般來說，平均現金股利估價法的基本使用策略為：**便宜價買進、合理價持有，以及昂貴價賣出**。

　　因為我偏好高殖利率的優質股，故此估價法是我最常用來評估一家公司的指標，其優點有：

老牛小教室

「平均現金股利估價法」教學

直接以公式來看的話，以下是便宜價、合理價、昂貴價的計算方式。

・便宜價：

近 5 年平均現金股利×16（＝平均每年殖利率 6.25%）

・合理價：

近 5 年平均現金股利×20（＝平均每年殖利率 5%）

・昂貴價：

近 5 年平均現金股利×32（＝平均每年殖利率 3.125%）

其中的近 5 年平均現金股利，計算公式為：近 5 年現金股利加總÷5。

只要代入實際數字去計算出 3 種價格，即可得出 3 條價格線。但要注意價格線會隨著每年股利發放而調整高低，若公司宣布股利發放的比去年多，這 3 條價格線將隨之調高；股利較去年減少的話，這 3 條價格線也會調低。投資人每年必須在公司發布股利訊息時再修正。

若各位讀者想更了解平均現金股利估價法，請詳見《股海老牛專挑抱緊股，穩穩賺 100%》第 121～126 頁。

1. 簡單易懂，位階分明。

平均股利的計算方式相當直覺，許多工具網站也提供近 5 年平均股利的數據，再加上便宜價、合理價、昂貴價 3 條價格線的輔助，投資人可以快速瀏覽個股的股價位階處於什麼位置。

2. 降低雜訊影響。

因為公司每年入帳的獲利不盡相同，故可藉由**平均**的概念，將變化平滑化，以利觀察獲利趨勢。採用近 5 年平均現金股利來計算殖利率，除了能有效降低因景氣循環造成的獲利股息波動這類雜訊，更能看出公司在經歷景氣循環下配發股利的能力。

平均現金股利估價法通常較適合股利發放穩定，且盈餘發放率為 70％～90％ 的公司（註：《股海老牛專挑抱緊股，穩穩賺100％》中寫盈餘發放率 60％～90％，也沒錯，不過設定 70％～90％ 可以篩掉更多標的），而較不適合用在成長股，以及正在擴張、不發股利、或是股利不穩定的公司。

通常來說，公司處於「獲利增加→股利多發→股價上漲」的正向循環當中，我們可以將「便宜價」、「合理價」與「股價」這 3 個數據同時放在一張圖，以便投資人判讀。

為了更方便看出目前股價的高低位階，我將策略稍微修正，改以便宜價與合理價為主，略過昂貴價。

由便宜價、合理價、股價組成的圖，即個股股利價值線圖，表現的是股價位階的相對位置，若股價介於便宜價與合理價之

間，股價位階為適中；若股價低於便宜價，股價位階為便宜；反之，若股價高於合理價，則股價位階為偏高（見圖表 4-10）。

圖表 4-10 股價位階判讀方式

股價位階判讀		說明
股價≦便宜價	偏低	股價現在便宜
股價≦合理價	適中	股價現在合理
股價＞合理價	偏高	股價現在昂貴

買進策略為：便宜價買進，合理價以下持有，高於合理價可考慮賣出。

從價值線圖上，投資人可以看到不少資訊。如果公司處於正向成長的狀態，隨著獲利成長，股利也會發得更多，所以我們可以發現股價是由左至右呈現持續上漲（見圖表 4-11），屬於適合投資人買進抱緊的好公司。

反之，公司如果處於負向衰退的狀態，獲利逐年衰退，股利也逐年減少，那股價自然無力支撐，進而持續下跌（見圖表 4-12）。投資人常會誤以為股價變便宜所以買進，結果卻掉入「價值陷阱」（按：投資人買入低價資產，卻發現該資產價格持平甚至下降），所以我並不建議買進這種衰退型的公司。

前面有跟各位提到價值線將股價分成 3 個區間：

圖表 4-11　向上的股利價值線：以神基（3005）為例

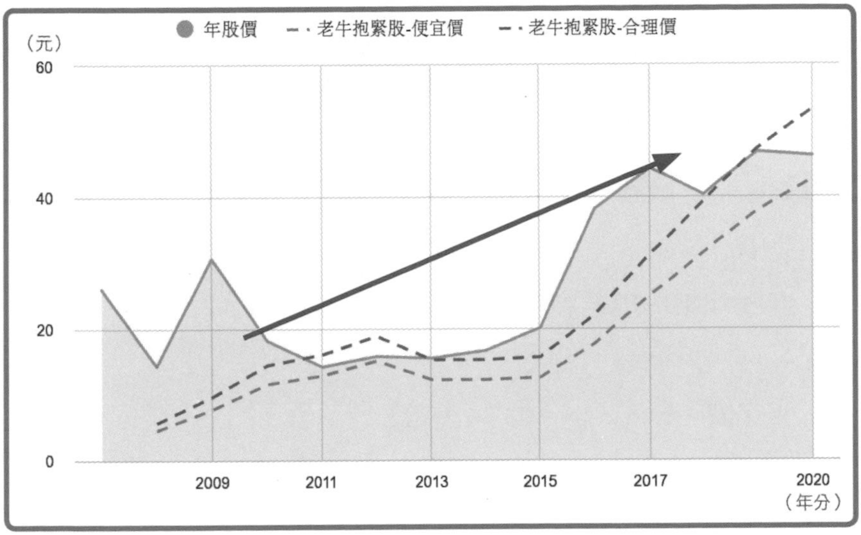

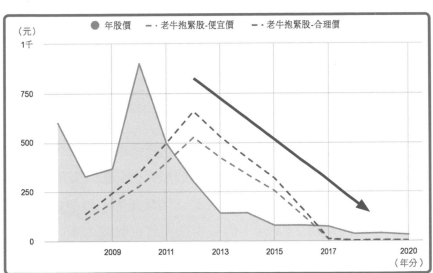

資料來源：優分析。

圖表 4-12　向下的股利價值線：以宏達電（2498）為例

資料來源：優分析。

股海老牛最新抱緊股名單，殖利率上看 8%

1. 股價≦便宜價（便宜）。

因為我們是以平均股利的方式來計算，倘若股價落於便宜價區間，投資人在此時買進，過去 5 年內可以**給予平均 6.25% 的高殖利率**。以英業達（2356）為例，在 2020 年時的便宜價及合理價分別計算如下（見圖表 4-13、4-14）：

近 5 年平均現金股利：（1.4+1.45+1.65+1.5+1.3）÷5＝1.46（元）

便宜價：1.46×16＝23.36（元）

合理價：1.46×20＝29.2（元）

而在 3 月新冠疫情所引起的全球股災時，英業達的股價暴跌，最低來到 18.75 元，已經來到便宜價之下。如果在股災時買進的話，2020 年可領到 1.3 元的現金股利，殖利率為 6.93%（1.3÷18.75）。如果是較為保守的投資人，擔心隔年股利會大幅下滑，可以金融風暴時的狀況來看，若隔年公司僅發 1 元現金股利，仍可保有 5.33%（1÷18.75）的殖利率，**高於台股市場平均 4% 的水準**。

儘管疫情打擊英業達首季表現，不過在**疫情期間，居家工作、遠距教學等需求大增，帶動筆電銷售**，筆電出貨量持續向上，身為商務筆電主力供應商的英業達因此受惠，股價也一路逆轉上攻，最高來到 28.4 元。倘若你是在便宜價時入手，現在已經可以安穩的領到高股利，更賺到不少價差的報酬。

實務上，我們偏好投資的公司，是能穩定獲利且能持續發放

圖表 4-13 英業達(2356)2016～2020 年現金股利

年分	現金股利
2016	1.4
2017	1.45
2018	1.65
2019	1.5
2020	1.3
總和	7.3
平均	1.46

資料來源:Goodinfo! 台灣股市資訊網。

圖表 4-14 英業達(2356)股利價值線

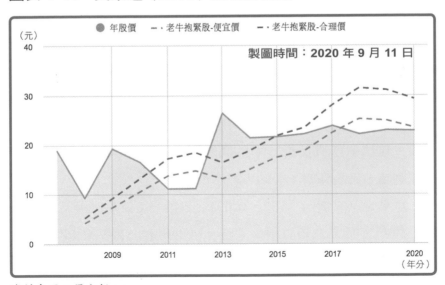

資料來源:優分析。

高額股利的公司。倘若公司只是因為上個年度獲利增加，例如：賣地、賣廠房等**一次性收入**，使得隔年發出高股利，投資人就要注意下一個年度時，因調降股利所造成的預期落差。

2. 股價 ≦ 合理價（合理）。

在我爸媽那個年代，他們認為股市風險太高，會有投資風險，倒不如放在銀行裡生利息比較安全。不過世界瞬息萬變，40 年前的定存利率是 12%，反觀 40 年後的**定存利率，已經不到1%**。而我積極學習投資理財的一大原因，就是定存利率太差，現在將錢放在銀行的確很安全，但得面臨通膨縮水的風險。

所以說投資理財有賺有賠，反倒是物價有去無回，大家一定要靠投資理財來準備自己的退休金，免得退休時變成又老又窮的「下流老人」。

回到正題，投資人大都希望買在便宜價，不過未必都能碰上難得的機會，所以得降低一點標準，買進持續獲利且未來展望佳的公司，並且公司股價處於合理的價格。當股價小於合理價、高於便宜價的區間，代表投資人如果在此時買進，雖然沒有達到便宜價，無法享有領取 6.25% 的高殖利率，但可以**享有 5～6.25%的殖利率**，仍舊高於 4% 的市場水準。

以聚鼎（6224）為例，聚鼎科技是一家臺灣保護元件供應商，1998 年成立於新竹科學園區，為亞洲第一間專業 PPTC（高分子正溫度係數溫度元件）製造公司。PPTC 是各種電子產品電流及電壓過載保護的重要零件之一，主要功能是保護電子產品

內之電子迴路、主動元件及 IC 等，當電流及電壓出現不正常狀況，能夠適時斷電、減壓，防止電子產品零件受損，進一步防止災害發生。

　　依照公司過去 5 年所發放的現金股利，我們可以得到下列數據（見下頁圖表 4-15、4-16）：

　　近 5 年平均現金股利：（4.3＋4.55＋3＋3.75＋4）÷5＝3.92（元）

　　便宜價：3.92×16＝62.72（元）

　　合理價：3.92×20＝78.4（元）

　　以聚鼎 2020 年 7 月的收盤價 74.2 元來看，恰好介在高於便宜價（62.72 元）、低於合理價（78.4 元）的區間；而發放 4 元現金股利，殖利率為 5.39%，仍處於不錯的水準。以聚鼎連續 2 年獲利成長的成績來看，2020 年營收若能再繳出好成績，推動獲利成長，2021 年更可期待發出 4 元以上的高額股利。

3. 股價＞合理價（昂貴）。

　　用平均現金股利法來衡量公司股價位階，最後一種狀況是股價大於合理價格，代表這家公司平均來說殖利率會低於 5%。你可能會以為這些公司就不適合投資，但繼續抽絲剝繭，可以發現**當標的為獲利成長股，或股價一時偏離正常價格的狀況下，股價會大於合理價：**

圖表 4-15　聚鼎（6224）2016～2020 年現金股利

年分	現金股利
2016	4.3
2017	4.55
2018	3
2019	3.75
2020	4
總和	19.6
平均	3.92

資料來源：Goodinfo! 台灣股市資訊網。

圖表 4-16　聚鼎（6224）股利價值線

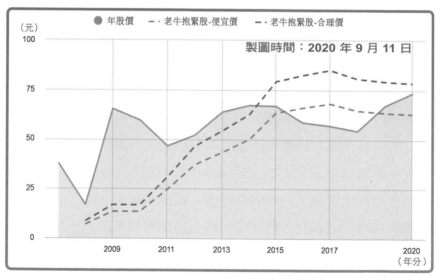

資料來源：優分析。

（1）獲利成長股。

以智邦（2345）為例，智邦成立於 1988 年 2 月 9 日，主要致力於高速乙太網路交換器、無線區域網路產品、寬頻產品之研發、設計和製造。

公司早期經營模式主要替品牌廠商進行純硬體代工，再由品牌廠商銷售給終端客戶。近年公司轉向與軟體廠商合作，或配合客戶本身設計的軟體，可直接提供終端客戶軟硬體整合性產品。

以公司過去 5 年所發放的現金股利，我們可以得到下列數據（見下頁圖表 4-17、4-18）：

近 5 年平均現金股利：（1.96＋3.1＋4.13＋4＋6.19）÷5≒3.88（元）

便宜價：3.88×16＝62.08（元）

合理價：3.88×20＝77.6（元）

以智邦 2020 年 7 月的收盤價 229.5 元來看，高於合理價（77.6 元）。而以 2020 年發放 6.19 元的現金股利來看，其殖利率為 2.69％，遠低於 4％ 的市場標準。

可是智邦屬於獲利成長股，**公司將大部分盈餘用於資本支出（買設備、廠房或土地），擴充產能**，以期未來能賺進更多獲利。公司也從 2014 年時 EPS 僅 1.21 元，5 年間獲利成長逾 7 倍，並且在 2019 年達 8.91 元。在獲利成長的樂觀預期下，股價更是翻倍再翻倍。因此如果碰上股價大於合理價，記得先察看過去獲利是否大幅成長，或許該標的就是貨真價實的獲利成長股。

圖表 4-17　智邦（2345）2016～2020 年現金股利

年分	現金股利
2016	1.96
2017	3.1
2018	4.13
2019	4
2020	6.19
總和	19.38
平均	3.88

註：近 5 年平均現金股利原是 3.876 元，四捨五入至 3.88 元。
資料來源：Goodinfo! 台灣股市資訊網。

圖表 4-18　智邦（2345）股利價值線

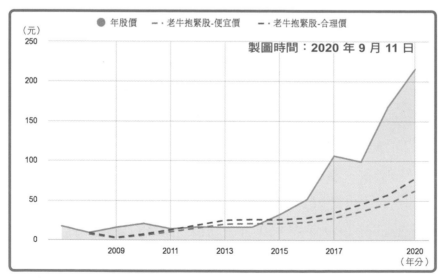

資料來源：優分析。

（2）股價一時偏離合理價格。

還記得價值投資的精神嗎？是一家公司內在價值高於外在股價時，我們投資買進抱緊處理；反之，當股市處於一頭熱，許多個股都會向上偏離合理的價格，其外在股價已高於內在價值。

當一家公司外在股價已超過其內在價值，此時投資人仍須評估其價格是否已大幅偏離其合理價格。**倘若已大幅偏離，那就是時候將它賣出獲利了結**，等到未來價格回到合理區間，再來考慮買進就好。但如果這家公司未來仍具不小的成長力，持續抱緊反而才能在未來為你賺進更多。

對於平均現金股利估價法來說，還是避不開「價值陷阱」的問題，所以**絕對不要用最便宜的價格買最糟糕的家具**，期待它未來會上漲，那可是十分愚蠢的事。別忘了，當一家公司的股價落入便宜價，投資人須回歸基本面分析，判斷公司長期競爭力是否受損，才能避開價值陷阱。

舉例來說：誠品生活（2926）成立 15 年、上市 7 年，屬於文化創意產業，主要經營誠品書店內的商場通路業務，相信大家都曾經到誠品去享受那股文青氣息，也能在週末享受悅讀時刻。其實誠品的主要收入可分為 3 塊：

① 通路事業：主要經營複合式商場，在地化的展店模式，吸引當地及外來觀光客人潮，年造訪人次約 2 億。每年向母公司誠品書店支付經營權利金，再以誠品書店為號召，經營特色商場，營收占比約 76％，為主要收入來源。

② 餐旅事業：主要是代理國外咖啡、廚房設備、餐旅用品、洗衣房設備品牌到臺灣銷售，主要客戶為臺灣知名飯店以及上市櫃企業的員工餐廳。營收占比約 19%。

③ 旅館事業：主要經營位於松山文創園區的誠品行旅，平均房價約 7,000 元，住房率約五成，僅占營收的 5% 左右。

但如果人潮就代表錢潮，誠品生活應該很賺錢吧？其實不然。你還記得上次去書店買書是什麼時候嗎？近幾年民眾消費轉型，大多數人偏好在網路上比價消費，對於實體店家常常只是逛逛而不消費。所以我們可以看到在 2014～2017 年間，誠品生活的 EPS 仍可維持在 7.5 元以上（見圖表 4-19），但近 2 年獲利逐

圖表 4-19　誠品生活（2926）歷年每股盈餘（EPS）

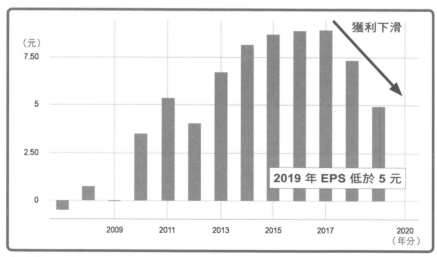

資料來源：優分析。

步下滑，2019 年 EPS 更跌破 5 元，僅 4.92 元。而 2020 年因為疫情影響人潮，第 1 季僅繳出 0.15 元的 EPS，較 2019 年同期衰退近 1.5 元之多。

以誠品生活過去 5 年所發放的現金股利，我們可以得到下列數據（見圖表 4-20、下頁圖表 4-21）：

近 5 年平均現金股利：（7.58＋7.68＋7.56＋6.8＋4.2）÷5＝6.76（元）

便宜價：6.76×16＝108.16（元）

合理價：6.76×20＝135.2（元）

圖表 4-20　誠品生活（2926）2016～2020 年現金股利

年分	現金股利
2016	7.58
2017	7.68
2018	7.56
2019	6.8
2020	4.2
總和	33.82
平均	6.76

註：近 5 年平均現金股利原是 6.764 元，四捨五入至 6.76 元。

資料來源：Goodinfo! 台灣股市資訊網。

圖表 4-21　誠品生活（2926）股利價值線

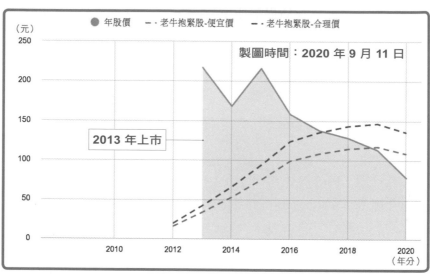

資料來源：優分析。

　　以誠品 2020 年 7 月的收盤價 77.7 元來看，不只位於合理價之下、更是低於便宜價；而且獲利連續衰退 2 年，公司股利較前幾年大幅縮水。倘若你以為目前是便宜價就進場的話，可能會大幅降低獲利的機率。所以即使看到股價一路向下來到便宜價，還是得再確認公司的獲利是否同步衰退，才不會跟著一起跌入價值陷阱當中。

二、本益比河流圖。

　　接著說明我常用的另一項評估指標——本益比河流圖。

　　先從本益比開始說明。本益比代表一家公司「股價和盈餘的

比例」，簡單來說，指的是「**投資人買進一家公司的股票後，多久可以回本**」，為評估目前股價水平是否合理的常用指標之一，其優點有 2 個。

1. **當成門檻值來快速篩選**：價值投資者之父葛拉漢的選股策略，即買進相對便宜的股票，其中一項評估指標正是本益比。如果你偏好買進便宜的股票，本益比是個不錯的快速篩選工具。

 老牛小教室

「歷史本益比估價法」教學

一般來說，未來前景較為看好的企業，預期盈餘（分母）成長的速度，能追上股價（分子）上漲的速度，所以通常享有較高的本益比，例如：電子股的本益比都在 20 倍至 30 倍、甚至有 30 倍以上的產業；反之，穩定的傳統產業因缺乏成長爆發性，預期盈餘成長速度較慢、其給予的本益比也會偏低，例如金控業的本益比大都僅 10 倍左右，而發展成熟的紡織及橡膠產業的本益比，則多在 12 倍左右。

相對來說，不同產業之景氣循環也截然不同，所以建議讀者在比較本益比時，應以同一產業為比較基準。合理的本益比須參考產業及個股歷史本益比區間，再加以判斷。

若各位讀者想更了解歷史本益比估價法，請詳見《股海老牛專挑抱緊股，穩穩賺 100％》第 118～121 頁。

2. **補漲抗跌的特性**：在股市多頭或空頭時，低本益比皆有效應存在，也就是具備補漲抗跌的特性。若在股價不變的情況下、獲利持續成長，本益比則將逐漸降低。用本益比來評估股價位階，相對安全。

而從本益比延伸出來的判定圖表，稱作本益比河流圖，圖面上有「本益比」與「股價」這 2 種數據，大致來看就如圖表 4-22 的樣子，折線為股價走勢，5 個區間為本益比的 5 種高低位階，投資人可以快速判斷股票現在的價格，是否來到本益比相對低的位階。至於圖上資訊如何判讀，我接下來會慢慢解釋。

圖表 4-22　本益比河流圖要素：股價、本益比區間

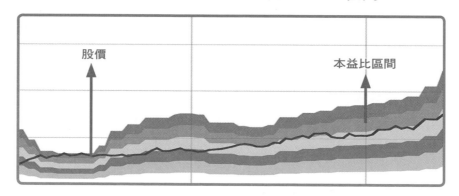

一般來說，本益比越小，代表投資人回本的時間越短，投資也越划算。觀察公司每年的本益比變化，可以了解公司的價值變化，因此本益比河流圖是很有代表性的觀察指標。

$$本益比 = \frac{股價}{每股盈餘（EPS）}$$ ➡ 本益比越小，回本時間越短

希望本益比變小的話，我們要注意 2 個重要參數變化：

1. 股價下跌，本益比跟著變小。

以聚鼎（6224）為例，原本 2019 年的 EPS 為 4.6 元，股價收盤在 67 元，換算後本益比 14.6 倍左右（67÷4.6）；不過在 2020 年 3 月股災來襲時，股價最低跌到 46.65 元，本益比降到只剩約 10.1 倍（46.65÷4.6）。

所以只要股價下跌，本益比也會跟著變小，投資人可以用便宜的價格買進股票，是相當划算的一筆交易。反之，股價上漲，本益比變大，投資人就只能用相對高的價格買進股票，CP 值就降低了。

2. 近 4 季 EPS 增加，本益比也會變小。

在計算每股盈餘時，我會採取將近 4 季 EPS 累加的方式，來代表一家公司的預估每股盈餘，如此可以動態調整價格門檻，並且逐季追蹤，反映獲利變化。

聚鼎在 2020 年第 1 季的 EPS 為 0.91 元，較 2019 年同期增加（2019 年第 1 季為 0.47 元），近 4 季的 EPS 便從 4.6 元增加

到 5.04 元（見圖表 4-23）。若股價為 67 元時，原本本益比為 14.6 倍（67÷4.6），但因為近 4 季 EPS 的增加，本益比也降低為 13.3 倍（67÷5.04）。

也就是說，只要近 4 季 EPS 增加，本益比也會降低。所以當 EPS 增加，本益比跟著變小，表示公司賺越多，對投資人較為有利；反之，如果 EPS 減少，本益比就會跟著變大，公司賺的錢相對變少了，當然較不利於投資人。

記得股價與 EPS 這 2 個變數與本益比之間的關係，很容易就可以抓到一家公司股價的相對安全區間在哪裡。

大家買東西的時候，都希望可以買在最便宜；在選股票時，也會希望不要買在高點。這時候本益比河流圖就可以作為一個不錯的參考，判斷這檔股票到底是昂貴還是便宜。

圖表 4-23　聚鼎（6224）近 5 季每股盈餘（EPS）

時間	各季 EPS（元）
2019Q1	0.47
2019Q2	1.06
2019Q3	1.67
2019Q4	1.4
2020Q1	0.91

近 4 季 EPS 共 4.6 元

近 4 季 EPS 共 5.04 元

資料來源：Goodinfo! 台灣股市資訊網。

觀察本益比河流圖，從圖上走勢可以發現 5 項特點：

1. 快速了解公司基本面。

2. 找到合理買賣的區間。

3. 買在相對安全的位階。

4. 下跌時跌幅有限，上漲時漲幅較大。

5. 避開被套牢的價值陷阱。

而**本益比整體河流穩定向上的河流圖，是好的本益比河流圖**（見下頁圖表 4-24），代表基本面持續增強，盈餘逐步上升且體質良好。又因為盈餘持續成長，股價若是跟著高本益比走，表示一家公司的價值逐漸成長，股價也會隨之上漲。

至於**壞的本益比河流圖**（見下頁圖表 4-25），整體河流呈現**持續向下**，代表盈餘不斷下滑，基本面持續衰退，股價若是貼著**低本益比走**，甚至還要更低，就是典型的價值陷阱，甚至讓你誤認為是便宜價，買進之後就住進套房。

說了這麼多，究竟該怎麼使用本益比河流圖呢？在本益比河流圖上，我們以 4 倍本益比作為間隔，所以可以分隔出 5 個區間（見第 157 頁圖表 4-26），由低到高分別代表：

區間 ①：本益比 4～8 倍，通常表示**危險**（價值陷阱）。

區間 ②：本益比 8～12 倍，通常表示**便宜**。

區間 ③：本益比 12～16 倍，通常表示**合理**。

區間 ④：本益比 16～20 倍，通常表示**高估**。

區間 ⑤：本益比 20～24 倍，通常表示**昂貴**。

圖表 4-24　好的本益比河流圖──價值成長

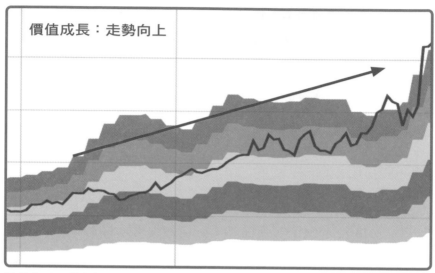

價值成長：走勢向上

資料來源：優分析。

圖表 4-25　壞的本益比河流圖──價值陷阱

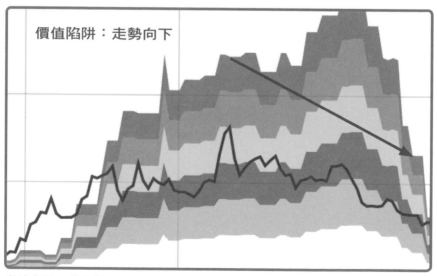

價值陷阱：走勢向下

資料來源：優分析。

區間 ⑤ 代表本益比偏高（股價被市場高估，潛在報酬較低），越往下則代表本益比越低（股價被市場低估，潛在報酬較大）。雖然買得便宜不代表公司能賺錢，但可以買在相對安全的位階，下跌時跌幅有限，上漲時漲幅比較大。

我會建議投資人選擇河流圖往上攀升或平穩的圖形，因為這表示公司獲利越來越多或穩定賺錢，且在**本益比 8～12 倍的區間時，就可以安心抱緊**。

反觀大盤本益比大約是 12～20 倍，以元大台灣 50（0050）為例，它是由臺灣最大的前 50 間公司組成的投資組合，投資報

圖表 4-26　本益比河流圖區間

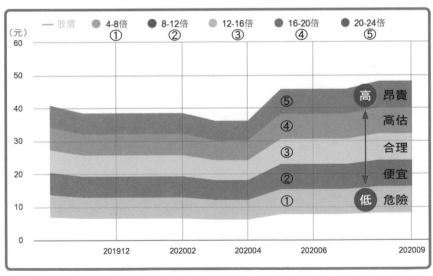

註：優分析實際圖上區塊由高至低的顏色皆不同，分別為紅、粉、黃、深綠、淺綠，顏色差異較大。考慮到書中難以顏色區別，故以數字指稱不同區塊。另此圖為避免干擾，所以先省略股價線。

酬率每年平均 8.3% 左右；換句話說，投資 100 元，每年會獲利 8.3 元，因此本益比大約是 12 倍（100÷8.3）。如果這麼安全的標的，本益比都只有 12 倍，要是你想買的股票本益比超過 12 倍，那在下手前務必多加檢視該公司的財務體質喔！

雖說我希望大家本益比能買在相對便宜的 12 倍以下，不過本益比的應用，是需要跟自己過去的本益比位階來比較，所以未必一定得買在 12 倍以下，投資人可以利用過去 2 年間的本益比位階，作為參考的基準。如果過去是高本益比評價，比方說：16～20 倍之間，很難回到 16 倍以下，抓準時機在區間的低點下手也可以。

而本益比河流圖的走勢百百種，我綜合出常見的 4 種河流圖走勢，接著會解讀幾種河流圖中的狀況，以及適合的投資時機。

1. 河流圖走勢平緩，股價沒有大波動。

若股價波動度不大，河流圖走勢平穩，代表這家公司獲利穩定，**屬於價值型公司，即使投資人買在低本益比區間，也不容易有比較明顯的價差獲利。**

投資股價平穩的價值型公司，除了建議要買在本益比較低的位置外，如果能搭配高殖利率更好，雖然股價沒有太大變化，至少能夠賺得股利收入。

以光寶科（2301）為例，近 2 年的本益比區間在 10～13 倍之間，也就是在區間 ② 及區間 ③（見圖表 4-27）。但光寶科自 2017 年起，股利皆在 3 元左右，換算殖利率都有 6% 以上，即

圖表 4-27　光寶科（2301）本益比河流圖

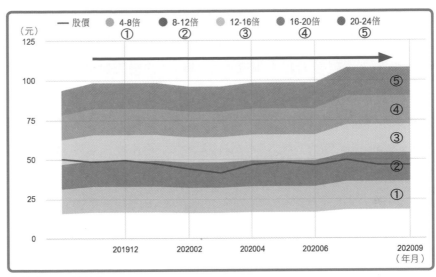

資料來源：優分析。

使股價波動不大，也可以穩穩拿到股利。

2. 河流圖趨勢向上，股價持續向上。

當公司在新產品上市或開展新市場下，獲利持續增加，河流圖一路向上，代表公司正處於成長期。此時市場預期會刺激股價一路上漲，投資人如果能**買在低本益比區間**，便能賺取不少價差利得。

以台積電（2330）為例，2011 年時 EPS 為 5.18 元，隨著獲利逐年成長，至 2019 年其 EPS 來到 13.32 元，成長將近 3 倍，股價也跟著從 75 元上漲到 300 元以上，近幾年的本益比區間已

經從 12 倍衝高到 20 倍左右（見圖表 4-28）。

不少人最想問的是：那還可不可以投資台積電呢？

首先，當然要確認台積電的競爭優勢是否能持續，在成長動能推動下，現在看起來很高的本益比，**只要獲利持續成長，從未來的角度來看，本益比仍舊處於相對低位**。換句話說，若台積電未來獲利能創新高，EPS 來到 20 元的話，以 2020 年的開盤價 332.5 元而言，換算之後其本益比落在 16～20 倍之間，依舊是屬於適合抱緊的好公司啊！

3. 河流圖走勢向下，股價持續向下。

反過來看，當河流圖與股價同時下滑，代表這家公司的獲利持續下滑，長期來說股價也會同步下滑。當股價進入跌勢而沒有回升，投資人就必須小心看待，更要重新檢視公司的財務體質，是否已經進入衰退期。

以美食-KY（2723）為例，這間公司就是我們熟知的「85 度 C」咖啡餐飲連鎖店之品牌，主要製造與販售平價咖啡、茶飲及烘焙產品；截至 2019 年底全球總店數 1,151 家，包括臺灣 459 家、中國 602 家、美國 64 家、香港 8 家、澳洲 18 家。中國市場由於當地咖啡競爭較為激烈，且開店資本支出較高，因此營業利益率較低。而臺灣市場與其他市場不同，臺灣地區以加盟的經營模式為主，約九成店面由加盟主開設。

2017 年，美食-KY 的獲利衝到最高峰，當年度 EPS 來到 13.12 元，股價最高衝到 435 元，本益比高達 33 倍；不過於

圖表 4-28　台積電（2330）本益比河流圖

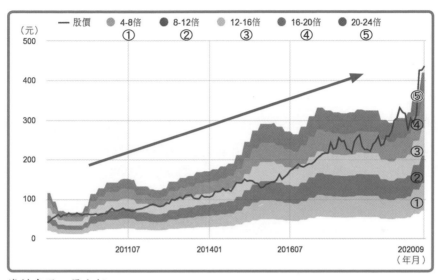

資料來源：優分析。

2018 年，EPS 銳減至 9.26 元，再到 2019 年只剩 5.18 元。在獲利減少的情況下，股價也一路向下修正，現在股價落在 100 元上下（見下頁圖表 4-29）。由此可以看出，**過高本益比若無高獲利成長的支持，股價向下修正的速度**可能會比大怒神還要快。

4. 河流圖趨勢不穩定，股價循環波動。

最後來談談股價循環波動，分在這一類的個股，我們統稱為「景氣循環股」。景氣循環股通常是指隨著景氣、原物料、產業更迭循環的公司，例如航運、鋼鐵、石化、營建等產業。當景氣好的時候，公司賺大錢；景氣不好時，更有可能賠大錢倒閉。

圖表 4-29　美食-KY（2723）本益比河流圖

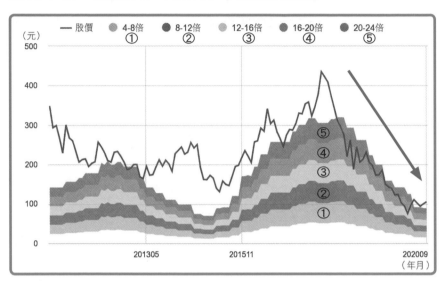

資料來源：優分析。

為什麼會有這種特性呢？主要是受原物料供給、需求容易不協調影響，可能會有大好大壞的情況發生。若以本益比河流圖來看，最明顯的狀況是景氣循環股會出現鋸齒般的河流圖，因此較不適用本益比河流圖來判斷。

雖然我們能從歷年的財報資料發現此類本益比循環的規律，不過計算本益比的 2 個變數是股價與獲利，前者變動較快，後者變動較慢，而且財報公布較晚，所以會有計算時差的問題。

比如在景氣高峰時，公司目前股價 100 元，而後公布去年 EPS 為 10 元，換算本益比是 10 倍，許多投資者看本益比低便搶進，結果買在股價高點，只好放著領股利。而在景氣谷底時，

公司股價 60 元，並公布 EPS 衰退至僅 2 元，換算本益比是 30 倍，這樣的高本益比，又會使投資人心生恐懼而拋售，結果景氣到谷底開始復甦，獲利逐漸提升，股價也水漲船高。因此投資景氣循環股有一句名言：「買在高本益比，賣在低本益比。」

若談到景氣循環股，不免要拿中鋼（2002）出來討論。從圖表 4-30 可以看到，中鋼在 2012 年、2016 年及 2019 年有 3 個缺口出現，使得本益比河流圖呈現鋸齒狀。所以投資人若想買進景氣循環股，在參考本益比河流圖時則須相當小心，也要深入分析後續情況。

圖表 4-30　中鋼（2002）本益比河流圖

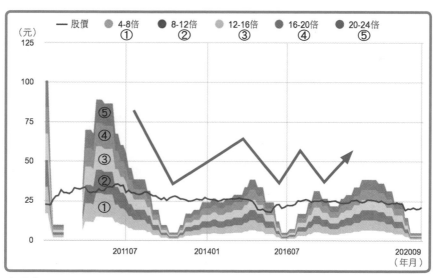

資料來源：優分析。

「本益比河流圖」常用免費查詢網站：

● **財報狗**

網址：https://statementdog.com

搜尋方式：輸入股票代號／名稱→價值評估→本益比河流圖

● **Goodinfo! 台灣股市資訊網**

網址：https://goodinfo.tw/StockInfo/index.asp

搜尋方式：輸入股票代號／名稱→本益比河流圖（位於技術分析區塊）

基本分析為主，技術分析為輔

講完基本分析（財報、股利價值線圖、本益比河流圖），接下來要稍微介紹一下市場派的「技術分析」（判讀 K 線圖）。

金融市場是由人所構成，而技術分析是從研究市場行為切入，以每日股價的表現，整理出一套價格走勢形態。技術分析學派的確有其獨到之處，事實上市場中也存在著某種規律，把趨勢當成朋友，便能順勢而為。在這個部分，我想與大家分享我對技術分析的看法，並提醒各位投資新手，千萬別以技術分析開始，通常都會虧損作收。

　　我自己在剛開始投資時，最初就是先接觸技術分析；也因自制力不足，常喜歡看技術面而短期反覆進出，不但花很多時間看盤，更讓自己的情緒隨著線圖上上下下，根本無法抱緊處理！後來逐漸熟悉技術分析的道理，才慢慢掌握這方面的技巧。

　　那為什麼要做技術分析呢？誠如前面所述，技術分析代表的是研究市場行為，藉以預測未來的價格趨勢，不過技術分析建立在 3 個基本前提上：

1. 市場行為預先反映一切。

　　前面有提過，影響股價的變數太多，你永遠無法一一細數。所以技術分析的假設前提之一，就是那些足以影響價格的因素，例如經濟面、政治面、心理面等，都已事先反映在市場價格。時常在某些時候，等到投資人真正看到消息，價格已經提早反映；換言之，在某些利多或利空消息出來之前，股價早就預先上漲或是下跌。

2. 價格發展呈現趨勢變化。

　　此外，既有的趨勢會繼續朝相同方向發展，直到趨勢逆轉為止。先不講短期效應，倘若選擇適當的時間量距，就能夠順利研判目前走勢，這也是為什麼我們說要「順勢而為」，把趨勢當朋友。在長時間的觀察下，股價是由一股眾人意志所形成的結果，而且這個結果較少在短時間內反轉，反而會在趨勢的末期才出現反轉。

3. 歷史會重複發生。

雖然時空背景的狀況不一，但你可以發現金融市場的大事件，有著極相似處，主因還是因為參與者是「人」。所以技術分析派篤信「歷史會不斷重演」，嘗試歸納因人性而造成的價格結構，這些結構會發展出市場的多空（買入、賣出）型態。

這 3 點前提，也是技術分析派時常被基本分析派所詬病的，因為技術分析的出發點較為主觀，而非建基於觀察財報的客觀數據。但倘若你深入觀察金融市場，再從市場心理學的角度思考，的確可以發現這 3 點前提，完全符合金融市場的現況。

那麼技術分析到底是怎麼個分析法呢？簡單來說，技術分析的類別可分為圖形分析、統計分析。

● 圖形分析：

圖形分析屬於一種「藝術」（技巧），所以大部分的人會戲稱圖形分析為「看圖說故事」。往往人性的偏誤，總是會限制視野，看到自己想要看的圖形，例如 W 底跟 M 頭，其實只是一線之隔。由於過於主觀，要是投資者看多，就會認為它即將成為 W 底（預期股市具備支撐，轉為上漲趨勢）；看空的話，就會認為未來將變成 M 頭（預期股市面臨壓力，轉為下跌趨勢）。

（按：M 頭易發生在股價波段的高檔，由 2 個高點與 1 個低點組成，被認為是賣出訊號；W 底相反，易發生在股價波段的低檔，由 2 個低點與 1 個高點組成，被認為是買進訊號。）

　　舉例來說，從圖表 4-31 我們可以知道，2019 年初加權指數從最低 9,319 點開始起漲，持續上漲一千七百多點，來到 11,000 點大關，中間向上衝了 2 次，結果投資人不敢追高，指數因面臨壓力而往下形成 M 頭格局。

　　此時從技術分析的角度來看，M 頭格局已然形成，投資人預測未來走勢即將下跌，決定賣出持股，沒想到 8 月中時指數出現逆轉，而後持續向上走高，形成 W 底格局。倘若單以技術分析判斷，可能又將錯失一波獲利的好機會。

　　若投資人因為過度自信的樂觀預測，而落入看圖說故事的牛角尖當中，通常無所依據的預測總是讓人落空，然後跟著市場上

圖表 4-31　M 頭？W 底？判定不易！

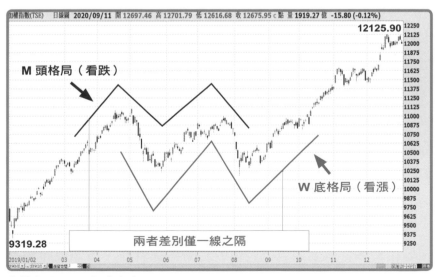

資料來源：XQ 全球贏家。

沖下洗，落得虧多賺少。所以為了解決人性不理性的偏誤，我們才要**搭配財報分析，找出公司內含價值**，就能合適的判斷目前為相對高、低點，至少能夠讓你不追高、不接刀，進而提高在股市獲利的機率。

● **統計分析：**

建立在健全的統計學觀念之上，利用過去的價格資料來預測未來，藉此探索出一些典型的規律，並預測證券市場的未來變化趨勢。常被提到的工具有：隨機指標（KD）、移動平均線（MA，又簡稱均線）、指數平滑異同移動平均線（MACD）、相對強弱指數（RSI）等。

統計分析就如同天氣預測一般，是預測會發生的機率，而預測機率也不是百分之百一定發生。相對來說，天氣預測也有可能出錯，投資者該注意「如何在預測錯誤時，保全自己的本金」，這就是風險管理的課題了。

總結來說，技術分析有助於了解現況，但不是準確預測未來的保證，只是根據過去的價格資料，統計出走勢的可能性，當然還是有可能預測錯誤。所以**當盤勢不如預期時，如何做好風險管理**，更是投資人的重要課題。

對於投資新手，我建議別從技術分析開始，因為技術分析的種類相當多，只要用自己習慣的判斷指標就好，貪多反而嚼不爛，甚至被牽著鼻子走而陷入混亂！

老牛小教室

隨機指標（KD）

隨機一詞是指價格在一段時間內相對於其波動範圍的位置，指標則是透過比較收盤價格和價格的波動範圍，預測價格趨勢逆轉的時間。

均線（MA）

價格移動平均線，代表一段時間內買入股票（基金、期貨一樣適用）的平均成本，反映了當下價格與近期平均價格的比較。舉例來說，大盤近 20 天內的收盤價總和再除以 20，形成 20 日均點，接著依次連接就形成 20 日均線。

指數平滑異同移動平均線（MACD）

MACD 利用兩條不同速度的指數移動平均線交錯，來研判股票價格變化的強度、方向、能量，以及趨勢週期，以便把握股票買進和賣出的時機。

相對強弱指數（RSI）

藉比較價格升降運動，以表達價格強度（買賣盤雙方力道強弱）的技術分析工具。

還記得前面提到的股價漲跌週期嗎（見第 131 頁）？把這個週期再簡化來說的話，可以發現股價是上漲、下跌與整理的一個循環過程。如果用月均線的長線角度來看（見圖表 4-32），很容易就能看出統一超（2912）這 15 年來，符合「上漲、下跌、整理」3 階段，更可以發現**各階段所形成的趨勢，不會在短短一個月內就結束**。也就是說你有充足的時間，分析公司財報、收集利多利空因素、搭配觀察公司長期走勢，再做出投資決策。

　　有句話這麼說：「如果走錯方向，跑得再快也沒有用。」均線用來代表價格的趨勢，而均線的走勢是會延續的，亦即上漲就會持續上漲；下跌就會延續跌勢。從均線的角度如何看買賣點？

圖表 4-32　統一超（2912）月均線走勢圖

資料來源：XQ 全球贏家。

最簡單的原則是：**黃金交叉買進，死亡交叉賣出**。

　　所謂的黃金交叉，是指短天期均線（短均線）由下而上穿過長天期均線（長均線），代表短期股價走勢強勁，趨勢轉為向上；死亡交叉則相反，短均線由上而下穿過長均線，代表短期股價走勢轉弱，趨勢轉為向下（見圖表4-33）。

　　均線的概念就是用**長線保護中線、中線輔助短線**，聰明使用3條均線（按：此指短、中、長3條均線，而短線常看5日〔又稱週線〕、10日均線；中線常看月、季均線；長線常看半年、年均線，此外還有更長的3年、5年、10年均線，只是較不常用

圖表 4-33　黃金交叉與死亡交叉：以統一超（2912）為例

註：深色線為短均線，淺色線為長均線。
資料來源：XQ 全球贏家。

到），就可以幫助你一眼看清目前形勢，是位於上漲、下跌、整理哪個階段，更有助於掌握趨勢的大行情，避免在趨勢尚未形成前就進場，如此持有壓力就能小一點，更有利於抱緊處理。

　　基本上現在很多軟體（例如：Yahoo! 奇摩股市及券商下單 App）都可以直接看個股的股價走勢，只要你選擇適當的時間量距，就能夠順利研判目前的走勢。像我是習慣用「週」以上的角度來查看，了解目前個股的現在位階及趨勢方向。當跌勢持續，建議大家可以再等待一段時間，不需要急忙進場，耐心等到整理階段結束，再來考慮買進就好。

　　我們以台積電（2330）月線圖為例（見圖 4-34），較細的

圖表 4-34　台積電（2330）月均線走勢圖

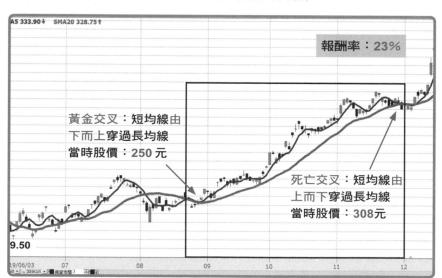

資料來源：XQ 全球贏家。

5 日線作短均線，較粗的 20 日線（月線）作長均線。台積電在
2019 年 8 月中，短均線由下而上穿過長均線，出現黃金交叉的
進場訊號；在這 4 個月期間可以看到短均線一直都在長均線之
上，代表股價依舊強勢，直到 12 月初短均線才由上而下穿過長
均線，出現死亡交叉的賣出訊號。這筆交易整體來說報酬率可以
到 23％，算是相當容易判讀。

　　那有沒有可能上漲後立刻回跌，或者是下跌後立刻上漲呢？
有的，這稱為 V 型反轉，但我建議千萬別把希望押在 V 型反轉
上，因為它通常是受到短期事件影響，例如：法人進場、突發事
件、被炒出來的⋯⋯這般反轉固然會讓你「印象深刻」，不過出
現機率其實不高。

　　以我過去的慘痛經驗來說，即使讓你賭到 1 次，接下來
卻大都預測失敗、失敗虧損居多。如下頁圖表 4-35 的國巨
（2327），倘若那一年真的讓你賭中 1 次，但接下來的 5 次可能
就讓你前功盡棄、白費功夫。

　　當然，我在判讀標的時還是以基本分析為主，不過不可否
認，技術線圖的確值得參考。但是技術線圖解讀起來是門藝術，
正所謂「橫看成嶺側成峰，遠近高低各不同」，大家務必多練
習，找到最能讓自己安心的觀察方式，這樣才是好的投資方式。

　　事實上，基本派和技術派投資之間有許多重疊處，而市場行
情發展到某個程度時，兩派觀點都能獲得應證，不需要去爭執，
而是融合擷取兩派的精華即可。

圖表 4-35　國巨（2327）日均線走勢圖

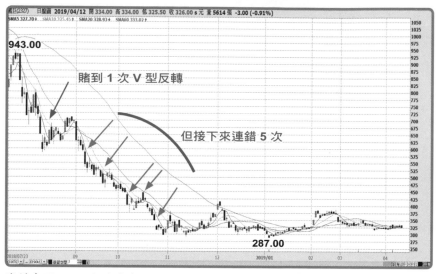

資料來源：XQ 全球贏家。

第五章

了解自己的投資
屬性，打造專屬
投資組合

走錯方向，
跑得再快也沒有用。

股海老牛最新抱緊股名單，殖利率上看 8%

　　之前在「股海老牛抱緊享富」社團中做過投資年資調查，有超過一半的朋友都屬於接觸投資未滿 3 年的初學投資者，且大多數都是看到這幾年股市水漲船高，想進來撈一筆。也因為這幾年順風順水、隨便買隨便漲，不少投資人輕忽了風險的存在——在 2020 年 3 月，疫情造成股市劇烈下跌，不僅讓投機者畢業出場，也讓不少投資人警覺風險控管的重要。

　　在未培養正確的投資情緒前，遇到股市上下震盪，不懂得正確應對方式的投資人，只好跟著市場群眾起舞；而每次股市危機發生後，都會有一群人把「長期投資」拋到腦後，因擔憂害怕而遠離股市，這樣的歷史總是不斷重複發生。

永遠不知道明天跟風險哪個先來

　　在台股中，散戶的情緒比法人更容易受到大盤波動影響，也就是說散戶喜歡追高殺低，只要看到股票漲了就進場追高，看到股票下跌了就開始認賠殺出。

　　隨著交易年資累積，在「抱緊處理」四大心法中，我深感能「處」理自己的投資情緒最為重要。過去的我，不懂如何處理自己的交易情緒，隨著市場情緒追高殺低，終究只有小確幸賺一點點，反倒常常慘痛大賠。不過幸好現在悟得抱緊處理投資心法，提醒我先掌握自己的投資情緒，平心靜氣的來解讀市場情緒，最終才能在市場中安心抱、穩穩賺。

　　在金融市場中，我們時常能見到「80／20 法則」（按：

又稱關鍵少數法則、八二法則，指所有變量中，最重要的僅有
20％，雖然剩餘的 80％ 占多數，控制範圍卻遠低於關鍵的少
數）的蹤跡，其中屬於小資族的散戶占大多數的八成，而真正資
金豐厚的大戶只占了兩成而已。換言之，散戶雖然占八成之數，
但真正能影響市場的卻是占兩成的大戶，它們不僅能集中力量、
看透散戶心理，且能借力使力在市場中獲利。

　　未建立正確投資心態的散戶，時常遇到這些狀況：看對了向
上趨勢卻不敢買進，等跌下來進場時反而接到刀子；賺錢的握不
久，只是小賺就賣出，虧損的卻不斷凹單，造成不小的虧損……
長久下來，最終大賠小賺，心灰意冷。

　　在交易過程中，投資者最怕買錯和錯過。若能建立一套交易
系統，來幫助自己不被外在因素（消息面）或內在因素（漲時怕
跌、跌時怕漲）影響，將是投資一大利器。

天才也會在股市中跌跤，例如牛頓

　　你是不是以為在股市中，只要智商夠高就能把把都贏呢？代
誌當然沒有那麼簡單，連巴菲特也說過：「投資不是智商 160 的
人，一定能打敗智商 130 的人的遊戲。」

　　這次事件的男主角是牛頓（Isaac Newton）──沒錯，就是
坐在樹下被掉下來的蘋果打中，後來從此現象發現地心引力的那
位牛頓。他不僅是物理學家，還身兼數學家、天文學者，為何如
此絕頂聰明的一個人，在股市中也會慘賠出場呢？就讓我們將時

光倒回 1720 年，發生在英國的「南海公司泡沫事件」吧！

17 世紀末到 18 世紀初，當時股票並不普及，大多數的民眾根本沒聽過股票是什麼東西，更別說具備投資股票的概念。不過因為經濟繁榮，資金累積速度極快，並且出現不少閒置資金，這些金主迫切的尋找投資機會，於是看到市場上淘金的機會——南海公司。

南海公司成立之初，表面上看起來是專營英國與南美洲等地貿易的特許公司，但實際上是協助政府融資的私人機構，為的是分擔政府因英法之間的戰爭而欠下的債務。不過南海公司誇大業務前景，說是能夠在南海（即南美洲）挖到金銀礦藏，而且還舞弊，賄賂了政府的官員。

在向國會推出以南海股票換取國債的計畫後，市場上認為有**國家的認證，再加上美麗的前景，**南海公司應該是相當安全的投資，便大為追捧南海公司的股票，股價由原本約 120 英鎊，狂飆至 1,000 英鎊以上，漲幅近 10 倍。於是乎全民進入瘋狂炒股階段，連當代最聰明的學者牛頓，也受不了誘惑而買進。

不過市場上隨即出現不少「泡沫公司」有樣學樣、混水摸魚，大肆宣傳自家公司也參與南海開發礦藏業務，吹噓著自家公司前景輝煌，甚至「錢」途一片光明，試圖趁南海公司股價上升的同時分一杯羹。

不過英國政府很快就意識到這些不法公司，國會遂在 1720 年通過《泡沫法令》（*The Bubble Act*）來規管，造成炒股熱潮瞬間消退，南海公司股價隨之急挫，股價一路暴跌到 190 英鎊以

下，不光是許多金主富商損失慘重，更多的是一般百姓因此血本無歸。牛頓也栽在這次的南海泡沫上，輸掉了近 10 年的薪水，因此他感嘆的說出：「我可以計算出天體運行的軌跡，卻計算不出人內心的瘋狂。」

金融市場總是過度反應

因人性使然，大多數投資人屬於風險趨避者，也就是對於賠錢感到非常心痛，加上媒體散布的消息令人恐慌，使得交易時因害怕虧損而影響交易情緒。貪婪、恐懼、後悔、不確定感……這些負面情緒更造成投資人誤會，認為股市下跌回檔就是末日即將到來，往往會做出相當不合理的交易行為。

先跟大家分享一個小故事：一個人路過公園時，看到一個小男孩傷心的在路邊哭個不停，便走過去問小男孩怎麼了？小男孩說：「我剛剛不小心掉了 10 塊錢。」不問還好，一問之下小男孩哭得更厲害了。那個人見他如此難過，一時不忍心，就從口袋裡掏出 10 元，遞給了小男孩。

可是小男孩接過錢後，還是哭個不停。那人不明白的問他：「我已經給你 10 元了，你為什麼還哭呢？」小男孩回答：「如果我沒有弄掉本來的 10 元，我現在就有 20 元了。」

看到這個故事時，我突然想到自己常常在臉書上看到，不少人難過的說自己投資××股而虧損套牢，如此沉溺在失去的痛苦中不能自拔。不過投資往往有勝有敗，沒有一直贏、更沒有馬上

贏這種好事，若是無法參透這點，總是遇上投資虧損就灰心喪氣，為了已逝去的事物而憂傷，將很難成功。如果你是在疫情大跌時停損的話，我想告訴你，千萬別「後悔停損」，也不要想太多，更別讓負面情緒影響你的心情，投資路才能走得遠。

2020 年這波新冠股災來得快，跌幅又深，正當大家都還心驚膽跳，就立刻反彈拉升；更在大家不敢置信的時候，繼續上漲站回萬點。大多數人都不是因為股災而怨嘆，而是因為自己「少賺」這波大幅反彈而感到可惜，不過我認為，停損只是當下自我保護的措施，並沒有對錯，只要還沒被抬出場畢業，都有機會賺回來。

即便是再精明的投資人，也會在不經意的狀況下，被情緒誤導，反而離投資陷阱越來越近。所以投資人首先要懂得如何克服情緒的影響，才能「反客為主」，利用市場的情緒反應，來尋找合適的投資機會。

從傳統經濟學的假設條件來看，投資人下投資決策時應當是理性的；可在現實中，投資人卻常受市場的氛圍影響，出現非理性的投資行為。在牛市時，投資人對於獲利的股票會變得越來越樂觀，股價估值偏高；相對在熊市時，投資者對於受損失的股票會變得越來越悲觀，股價估值偏低。也是由於金融市場的過度反應，所以公司內含價值才會大幅偏離市場外在價格。

第四章說過，金融市場價格循環可分成下跌、整理、上漲等 3 種過程，以整理過程最長，占了約五成的時間，而上漲或下跌過程則各分占兩成五左右。若是在下跌過程中，投資人希望買到

便宜的價位而不斷向下攤平，常常必須花上 2 倍以上的時間，等待價格上漲的時機來臨。倘若投資人發現自己評估錯誤，那解套之日更是遙遙無期。

　　我們可以看到處於下跌趨勢時，股價都會遭逢上檔的重壓。以統一超（2912）這間上市 23 年的食品龍頭股為例，2018 年營收 2,449 億元，稅後淨利為 102.1 億元，屬於台股中獲利前段班績優生。從圖表 5-1 也能發現，統一超 2010 年 EPS 為 5.51 元，2018 年成長至 9.82 元（註：2017 年因認列出售上海星巴克股權交易利得，故該年 EPS 高達 29.83 元）。

　　當然，營運穩健的實質獲利也具體反應在股價上，統一超近 10 年的股價從百元出頭漲到最高 378 元，足足成長逾 3 倍。

圖表 5-1　統一超（2912）2009～2019 年 EPS 趨勢

資料來源：優分析。

如果我們從統一超近 10 年（2010～2019 年）的股價月線圖來觀察，其股價總在下跌 3～6 個月後，才會止跌回漲，而統一超從 2018 年 7 月的高點 378 元開始出現跌勢（見圖表 5-2）。

倘若你是看到統一超下跌而見獵心喜的投資人，在缺乏計畫的情況下，可能已經在 370 元買進、360元用力買、350 元更再賭下去。不過面臨股價已下跌超過半年，甚至無法守住 300 元大關，最低來到 260 元的狀況，這筆投資的未實現虧損已達 25％ 之多，是否還抱得住？

喜歡在下跌時採取逆勢加碼的投資人，常因缺乏整體資金規畫，而在不對的位置加碼、甚至把所有資金用罄，最後卻因下跌

圖表 5-2　統一超（2912）股價月線圖

資料來源：XQ 全球贏家。

虧損、攤平成本及評估錯誤所帶來的三重壓力，忍痛停損，結果隔沒多久，股價反而開始上漲。這種認賠殺出的虧損壓力，再加上沒賺到股價回漲的壓力，會讓自己更加氣餒，這對長遠的投資路來說，並不是一件好事。

當進入下跌趨勢時，投資人若想加碼，請記得能安穩賺錢的3 個關鍵：

1. **放慢買進的腳步**：在規畫投資組合的資金分配時，建議資金至少分 **2～3 批進場**，別將全部資金單押在某些個股，這樣很容易因為個股的利空因素，大幅影響整體投資組合的報酬率。

2. **拉大買進的步伐**：將買進區間拉大至 **5%～10% 以上**，別為了沒賺到 1%、2% 而過於在意。畢竟以風險報酬比來看，為了賺得 1% 而去承擔過多的風險，相當划不來。

3. **別後悔沒買到最低**：儘管大家都知道「買在最低，賣在最高」是不可能的，但仍常為沒買到最低點而感到可惜。其實在決策當下，**依照現有的資訊、既定的投資策略來執行**，並在事後放下後悔的情緒，才是讓自己前進的應對方式。

了解你的投資屬性

「你不理財，財不理你。」投資是為了將來，所以薪水也是分成兩半：現在用、未來用，這個觀念大家一定要懂。不過大部分的人談到理財這件事，大都脫離不了想賺取更多錢。可是理財的目的其實並沒有那麼狹隘，一般來說有：

1. 邁向財富自由。
2. 打敗通貨膨脹。
3. 退休安養晚年。
4. 幫助弱勢，回饋社會。

常常我們想要賺取更多錢，但因為用了不適合自己的理財方式，結果適得其反。以投資股票來說，倘若自己是屬於保守型的投資人，卻因為不熟悉投資標的特性，買進高風險的投資標的，反而拉高了賠錢的機率，最終得不償失。所以必須先了解自己的投資屬性，才能夠打造專屬理財計畫。

投資屬性分析結果中，我們可以依照對投資風險的不同偏好，把投資人分成 5 級（見圖表 5-3）。

圖表 5-3　投資屬性分類

分級	投資屬性	波動度	風險承受度	適合商品
1	保守型	低	低	銀行定存
2	安穩型	偏低	偏低	債券
3	穩健型	中	中等	ETF、股票
4	成長型	偏高	偏高	股票
5	積極型	高	高	槓桿型金融商品

● 第1級「保守型」：

保守型投資人能承受的資產波動風險極低，由於極度保守，故十分注重於保護本金，寧可讓資產隨著利率水準，每年獲取穩定的孳息收入，也不願冒風險追求可能的可觀報酬。這類投資人的理財目的，可利用銀行存款或具有穩定收益的商品來達成。

● 第2級「安穩型」：

安穩型投資人能承受的資產波動風險低，且注重保本，願意承受有限的風險以獲得比定存高的報酬，所以除了定存和貨幣市場工具外，建議這類投資人可以將部分資產，配置在投資等級的固定收益或平衡型商品。

● 第3級「穩健型」：

穩健型投資人能承受的風險中庸，並期待在本金固定、孳息、資本增長達成平衡；這類投資人可接受短期市場波動，並且了解投資現值因而可能減損。穩健的投資組合包括多種類型的資產，透過風險分散方式得以獲得穩健的投資報酬，但仍要留意個別產品類型波動性。

● 第4級「成長型」：

成長型投資人能承受的資產風險高，為了達成長期的資本增長，可以忍受較大幅度的市場波動與短期下跌風險，成長的投資組合包括各種類別且預期報酬率較高的資產。但建議這類投資人

採分批投入且設定停損點，以便循序達到投資目標。

● 第 5 級「積極型」：

積極型投資人能承受的資產波動風險極高，經常如獵鷹般不停尋找獲利市場，並願意大筆投資在風險屬性較高的商品。積極型的投資組合包羅萬象，且在必要時利用槓桿操作來提高獲利，但因市場反轉所造成的資本下跌風險偏高，故建議這類投資人，**嚴格執行停損停利**的投資原則，才能達到長期資產增值的目的。

要想找出自己的投資能力範圍，必須先了解自身投資屬性，才能進一步拓展投資能力範圍。決定財富容量的，並非能力範圍的大小，反而是領略自己的投資屬性，才來得更加重要。

我也幫自己診斷過投資屬性，落在第 3～4 級之間，也就是介於穩健型和成長型。所以太過積極的高槓桿投資，我是玩不來的；過於保守安穩的投資屬性也不適合我，我可能會抱不緊。

投資組合的兩大原則

近期隨著資金行情發威，台股續漲屢創新高，直衝 13,000 點，不少投資人擔心是不是到達高點了？其實這時候更需要重視投資組合，依自己的投資屬性，有效的分散風險。而所謂的**投資組合，就是分散自己的持股**，千萬不要重押一檔股票，這樣也許會大賺，但更有可能大賠一場後歸零、重新開始。

諾貝爾經濟學獎得主哈利・馬可維茲（Harry Markowitz）開創現代投資組合理論，為的就是要告訴理性的投資人，如何採用分散投資來改善他們的投資組合；核心價值是在最小的風險下，將預期報酬率最大化。而實務上來說，投資組合是藉由投資不同公司及產業、分散股票間關聯性，達到分散風險與穩定資產價值的效果。

所以在建構投資組合時，我常被問到要納入怎樣的股票，才算好的投資組合。我會建議掌握低風險及低相關這 2 個原則。

1. **低風險**：篩選出獲利佳、成長力強、負債低、現金飽、市占率高等，較其他公司出色又具競爭力的企業。

2. **低相關**：投資組合中的各家企業，因產業不同、族群不同、市場不同，使得彼此之間相關程度較低，避免突發事件發生時引起同樣的跌價效應。

以地域性的風險來看，2018 年引爆中美貿易戰，美國要求從中國進口的商品徵收 25％ 的高額關稅，而臺灣不少企業皆在中國設廠，投資人因而擔心若被課取高額關稅，不僅會影響公司的營收，更有可能打擊公司產品的競爭力。

例如英業達（2356）的生產基地位於中國上海浦東、四川重慶、江西南昌等地，因中美貿易戰的變數，使得股價在 2018 年時大受打擊。如果你的投資組合當中都是屬於中美貿易戰的受災戶，那 2018 年的報酬率可能會不忍直視。

反觀同屬電子產業的敦陽科（2480），為臺灣最具規模的

資訊系統整合商之一，也是 IBM（國際商業機器公司）、HPE
（慧與科技，前身為惠普公司的企業級產品部門）、Oracle（甲
骨文，大型企業軟體公司）等在臺灣主要的工作站及伺服器經銷
商，共代理 40 項以上國際資訊產品，同時提供網路規畫、相關
軟體服務。中美貿易戰雖引發股市大跌，但敦陽科的營收來源皆
來自國內，所以屬於內需股，在不影響營運下，其股價也在風頭
過去之後迅速回到正常軌道。

又例如櫻花（9911）主要經營熱水器、廚房配備、整體廚房
之製造買賣業務，目前以臺灣為主要銷售地區，其中傳統式或數
位式瓦斯熱水器在臺灣的市占率皆為五成左右。即使在中國江蘇
及廣東有設廠，但因為中國地區營收不大，所以也屬於臺灣內需
股之一，使得中美貿易戰的影響較不明顯，股價相對抗跌。

倘若投資人不夠熟悉投資的公司，便無法處理投資組合中的
風險屬性，這其實相當可惜，只要稍加用心，就能改善自己的投
資組合。

掌握 Beta 風險係數，找到安心波動度

投資組合的原則因人而異，是基於投資人的投資屬性及投資
偏好來規畫，再透過投資組合來降低風險，滿足個人需求。

不少散戶未事先了解自己的投資屬性，只是聽信新聞媒體的
推薦個股，就隨意建立投資組合，這樣當然無法讓自己安心抱
緊，尤其在股市出現震盪時，更會擔心憂慮。所以除了前段所

述的低風險及低相關原則，我建議還要參考個股的 Beta 風險係數，掌握個股的波動率，再考量投資組合的整體波動率。

　　Beta 風險係數是度量個股波動率的指標，也可以用來衡量個股相對於整體市場的風險評估，常用於觀察股價和大盤間的相對波動程度。簡單來說，**Beta 係數大於 1**，表示個股波動程度比加權指數大，也就是指數上漲 1% 時，個股平均漲幅會大於 1%；當指數下跌 1%，個股平均跌幅也會大於 1%。反之，若 **Beta 係數小於 1**，表示個股波動程度比加權指數小，當指數上漲 1%，個股平均漲幅會小於 1%；當指數下跌 1%，個股平均跌幅也會小於 1%。

　　（按：想了解個股風險係數，可至「Goodinfo! 台灣股市資訊網」查詢，位於「個股市況」頁面。）

　　例如，從大立光（3008）的風險係數（見圖表 5-4）來看，其數值都大於 1，也就是說大立光的波動度相當高，主要原因是它受到影響的因素較多，例如經濟面、政策面、產業面的諸多變數，甚至一天出現 2%～3% 的震盪幅度，倘若投資人未建立正

圖表 5-4　大立光（3008）Beta 風險係數

	5 日	10 日	一個月	三個月	半年	一年	三年	五年	十年
風險係數	1.13	1.11	1.01	1.24	1.52	1.42	1.78	1.77	1.61

資料日期：2020 年 9 月 17 日。

資料來源：Goodinfo! 台灣股市資訊網。

確心態，可能就會在下跌時擔心憂慮。但對我而言，波動較大未必是壞事，反而能趁著上下震盪時買在相對低的買點，賺取上下波動的價差。

又比如說，互盛電（2433）主要代理 Ricoh（理光）的多功能影印機、印表機、傳真機、投影機等，以及 NEC（日本電氣）的辦公通訊交換機，與兩家日商合作超過 20 年，在臺灣的市占率穩定，因此從圖表 5-5 我們可以看到，其風險係數較低，股價波動也較平緩。

圖表 5-5　互盛電（2433）Beta 風險係數

風險係數	5日	10日	一個月	三個月	半年	一年	三年	五年	十年	二十年
	0.28	0.14	0.31	0.31	0.55	0.64	0.48	0.41	0.48	0.81

資料日期：2020 年 9 月 17 日。
資料來源：Goodinfo! 台灣股市資訊網。

但低波動必須犧牲賺價差的優點，因此，我喜歡找一些低波動卻又具備高股利的個股，如此一來即使無法賺到價差，也能享有高額的股利報酬。像互盛電近 5 年的年均殖利率幾乎都有 7% 以上（見圖表 5-6），在低波動的情況下，相當適合安心抱緊。

投資有賺有賠，投資人也可以衡量自己的投資屬性，將各種風險係數的標的加入自己的投資組合當中。在建立屬於自己的投資組合前，我建議先了解自己承受風險的能力，這沒有一個絕對

圖表 5-6　互盛電（2433）近 5 年殖利率統計

殖利率統計						
股價 年度	股價統計（元）			年均殖利率（％）		
	最高	最低	年均	現金	股票	合計
2020	56.4	41.6	51.5	7.38	0	7.38
2019	57.3	41.6	47.9	7.3	0	7.3
2018	48.5	38.4	44.2	7.92	0	7.92
2017	44.75	39.65	42.2	6.39	0	6.39
2016	47.65	37	41.7	7.9	0	7.9

資料日期：2020 年 9 月 17 日。
資料來源：Goodinfo! 台灣股市資訊網。

標準，會隨著每個人願意與可以承擔的損失有所差異。

　　舉例來說，假如你是一位安穩型投資人，那投資組合就不適合完全以股票組成為主，讓自己的心情受到股價漲跌影響；應先衡量自己的風險承受程度，再來決定投資組合中，「高波動」與「低波動」的投資比例。

　　再來，即使建立了投資組合、大幅提升投資效率，不代表就可以無憂無慮，投資組合有時會因為行情出現極端走勢、或是某個市場的表現異常，此時就必須考慮是否要相應調整。

小資最愛零股投資，新制搞懂沒？

認識了各種標的之後，難免會有小資族怨嘆買不起高價優質股，難道只能眼睜睜看著潛力標的成長，自己卻還是口袋空空嗎？別緊張，有方法可以解決──零股投資術！

我相當推薦小資族投資零股，如今「盤中零股交易」新制度上路，將會讓零股投資更加方便。首先來了解「零股交易」是什麼吧！

一般股票的交易單位為 1,000 股，也就是我們常說的「1 張」股票。若將台積電（2330）的股價以 425 元計，買進 1 張股票需要 42 萬 5,000 元，對於月入 5 萬的上班族來說，等同於不吃不喝 9 個月，才能夠買進 1 張台積電。但如果你是以零股的方式買進，1 股為 425 元，買進 50 股只需要兩萬出頭，是不是相對容易許多？所以以長期投資來說，小資族定期定額投資零股，是一項不錯的選擇。

而交易單位未滿 1,000 股（1 張），也就是 0～999 股，便稱為零股。近年來券商推出定期定額買進股票，便是以零股進行交易。與一般交易不同，以前零股交易時間是從下午 1 點 40 分至下午 2 點 30 分截止，截止後再一次以集合競價撮合成交。

過去最大的問題是，零股交易的機制並不完善，例如不揭示上下 5 檔的掛單資料（按：知道上下 5 檔的掛單資料，可以讓投資人知道目前參考價格及張數，作為下單的決策依據），也無法在盤中交易，所以如果碰上大漲大跌，都不能即時買賣，的確對

投資人較不利。

　　而於 2020 年 10 月 26 日上路的盤中零股交易（限電子交易），與目前一般交易時間相同，為早上 9 點到下午 1 點 30 分，將以 3 分鐘分盤集合競價方式撮合成交，並有價格優先及時間優先原則，撮合後會揭示成交價格及數量，以及未成交最佳 5 檔買賣價格和數量等資訊。（註：現行的盤後零股交易，在新制上路後仍會存在，但盤中沒有成交的委託，不會保留到盤後零股交易。）

　　當然投資人如果想知道盤後零股交易狀況，可以到證交所網站查詢。以 2020 年 7 月 31 日零股交易行情單為例（見圖表 5-7），當天成交股數前三名是台積電（2330）、聯電（2303）

圖表 5-7　零股交易行情單（部分）

證券代號	證券名稱	成交股數	成交筆數	成交金額	成交價	最後揭示買價	最後揭示買量	最後揭示賣價	最後揭示賣量
	合計	3,321,402	29,571	292,234,555	--	--	120,879,778		4,000,849
2330	台積電	138,674	2,312	59,580,136	429.50	429.50	625,574	430.00	23,290
2303	聯電	81,620	398	1,811,832	22.20	22.20	133,207	22.25	147,741
2317	鴻海	71,202	559	5,610,582	78.80	78.80	304,505	78.90	55,051
4725	信昌化	68,163	196	1,216,618	17.85	17.85	7,545,148	17.90	20,700
0056	元大高股息	62,359	457	1,878,075	30.12	30.12	16,020	30.13	131,280
0050	元大台灣50	61,021	797	6,321,560	103.60	103.55	16,981	103.60	199,470
8443	元晶	53,374	224	816,535	15.30	15.25	139,658	15.30	149,755
2884	玉山金	52,083	301	1,421,762	27.30	27.30	279,020	27.35	31,797
2892	第一金	45,233	356	1,069,612	23.65	23.80	121,292	23.65	13,489
3231	緯創	38,415	271	1,325,257	34.50	34.45	93,770	34.50	46,444
2002	中鋼	37,862	264	753,342	19.90	19.90	205,372	19.95	7,944

資料來源：臺灣證券交易所（https://www.twse.com.tw/zh/page/trading/exchange/TWT53U.html）。

及鴻海（2317），剛好都是近期熱門的個股，當然少不了 2 檔國民 ETF：元大台灣 50（0050）及元大高股息（0056）。而投資人最愛的金融股也都名列前茅，例如：玉山金（2884）、第一金（2892），其零股成交量也都在 4 萬 5,000 股以上。當天總計有 932 檔個股成交零股，共有 2.9 億元的成交量。

　　除了小資族投資以外，還有一種人會去買零股——想拿股東會紀念品的人；我身邊就有不少朋友，真的是為了精美的紀念品而買進該家公司的股票。每年各家公司的紀念品總是花招百出，尤其是中鋼（2002）的紀念品最為吸睛，如 2020 年度的股東紀念品為「鯨彩都繪抗菌鋼杯」，預計生產逾 50 萬個；2017 年中信金（2891）的多功能螺絲起子手電筒，也讓 16 萬零股股東搶破頭。

　　本來有人會為了中鋼紀念品而買進零股，等紀念品到手後再轉手賣掉，甚至把一張股票拆成好幾份零股，就為了多拿幾份紀念品。不過 2018 年金管會祭出「中鋼條款」：「從今年股東會起，零股股東若親自出席股東會，公司必須發放紀念品；但是，**委託出席的零股股東就未必拿得到紀念品了，而是由公司自行訂定發放原則。**」想靠著買零股領紀念品的難度便提高了。

　　想要知道今年有哪些紀念品的話，可以上網查詢，懶得去拿的人也可以聯繫股東會事務公司，詢問紀念品兌換相關事宜。

　　那麼買進零股後，除了紀念品以外，是否也能配息、配股呢？公司每年會從獲利中，配發出現金股利（股息）及股票股利

（股利）來回饋投資人，只要是公司股東，皆能享受同樣的權益。換言之，持有零股的股東，當然也能拿到公司配發的股利、股息，而數量會依照比例來配發給零股投資人。

　　舉例來說：如果公司今年配發現金股利 2 元、股票股利 0.3 元，我目前持有零股 50 股，那總共會拿到多少現金股利及股票股利呢？

　　答案：現金股利 100 元、股票股利 1 股。

- 現金股利：配發股息×股數

　　　　　　2 元×50 股＝100 元

- 股票股利：$\dfrac{配發股利}{股票面額}$ × 股數

　　（註：不足 1 股，小數點以下自動捨去。）

　　0.3 元÷10 元×50 股＝1.5 股→1 股

　　過去我曾陸續在 3,600～3,800 元之間買進大立光零股，雖然一度因續跌而進行部分停損，但後來盤勢回穩、大漲，我以 5,015 元賣出，單筆交易獲利高達 39.3％。由此可見，靠著零股交易，**小資族也能買進高價股來賺取價差！**

　　總結來說，零股交易讓小資族得以拿小錢投資好公司，不但能領紀念品、拿公司配出的股利股息，還能買便宜、賺價差。

最後提醒一下，即使是買零股，小資族也得精算手續費。不少券商都有推出定期定額零股交易的服務（見圖表 5-8），不僅可買進的標的很多，也可以買進 ETF；有些甚至推出手續費 1 元的優惠，對小資族來說可以省下不少手續費，日積月累下來還可以多喝幾杯咖啡呢！

圖表 5-8　不同券商的定期定額零股交易服務

券商	投資門檻	標的	交易日	最低手續費
元富	1,000 元	所有上市櫃個股、ETF	任選	1 元（小資零股理財平台）
國泰	1,000 元	78 檔個股、67 檔 ETF	6、16、26 日	1 元（至 2021 年 12 月 31 日止）
富邦	1,000 元	27 檔富邦投信 ETF	6、16、26 日	1 元
永豐金	3,000 元	87 檔個股、31 檔 ETF	6、16、26 日	1 元（至 2020 年 12 月 31 日止）
凱基	3,000 元	148 檔個股、73 檔 ETF	3、13、23 日	5 元
台中銀	1,000 元	7 檔 ETF	6、16、26 日	1 元，須完成電子帳單申請（至 2020 年 12 月 31 日止）

註：股票買賣手續費公定價為成交金額的 0.1425%，每筆交易最低收 20 元，但各家券商會有另外的最低手續費優惠。

資料來源：臺灣證券交易所、各券商官網。

後記

抱緊，能讓你賺得更多

　　時光飛逝，轉眼第二本書順利出版，感謝大家在投資路上的陪伴與支持。這段期間，我解鎖不少人生成就（領獎、專訪、廣播），最開心的還是幫助更多人知道如何安心投資，帶領大家走向正確的投資理財大道上。

　　美國前總統羅斯福（Franklin Roosevelt）說：「唯一值得恐懼的，就是恐懼本身。」2020 年因為新冠疫情造成的全球股災，使美股在 3 月 9 日開盤暴跌 7%，觸發熔斷機制（暫停交易），終場道瓊指數重挫逾 2,000 點，創下金融海嘯以來最大跌幅。這個罕見的歷史時刻，正是人們的恐懼壓倒理性的結果。

　　投資人猶如坐上雲霄飛車，大家在行進中因恐怖驚懼而驚叫連連，在股市下跌時又因接收到不少負面訊息，做出錯誤的決策。在這段期間，我竭盡所能緩和大家的情緒，讓投資人不會在這個動盪的時候恐懼；很多時候，亂動比不動來得更糟糕！

　　在投資的過程中，儘管過程時常遇到驚險萬分的時刻，但是只要沉著、處變不驚，最終必能迎來光明。與其將力氣花在猜測根本無法預測的股市走勢，不如把精力放在挑選有發展前途的股

197

票上，這樣即使股市下跌，你也能夠立於不敗之地。

2019 年我花了不少時間推廣「抱緊處理」投資心法，讓大家順風順水的跟著 2019 年的大多頭，一同獲利飽飽；2020 年面對新冠疫情的紛擾，股市曾出現下殺 700 點的慘況，最終我們也都一起撐過來了，現在大家應該都練就一身耐震的好本領了吧？

我跟其他分析師、投資達人的不同之處在於，我不融資、不做空，只專注於撿便宜累積張數。拜 2019 年是多頭飆漲年所賜，我有幸帶領夥伴們快速篩選出優良的公司，找出價值成長股。在本書中我以抱緊處理的投資視角，分享如何分析一家公司的價格與價值之間的關係，讓大家也可以用同樣的方式，去檢視其他有潛力的個股。

面對近年波動加劇的情況，本書更教大家以抱緊處理的心法出發，進一步在實戰中，發現值得抱緊的績優公司，且在上下震盪時抗跌。我介紹過的公司，大部分都是相對安全的投資標的，我自己也從中選擇適合我自己的抱緊股，希望大家可以再挑己所愛、愛己所選。

至於 2021 年該怎麼做？我有以下 3 點建議：

1. 以財報為依歸。

在「抱緊享富」的社團內部調查中可以發現，有不小比例的人還屬於抱緊不到 3 年的新手階段，對於「抱緊」二字的含意仍未有深刻體驗，但千萬不用因此氣餒或是小看自己，萬丈高樓平地起，誰又不是從一、兩張開始抱呢？記得從財務報表開始研

究，作為投資買賣的依據，說不定哪天，你也能在 101 上頭放煙火慶祝。

2. 無須杞人憂天。

跨過 2018 年的中美貿易戰，2019 年大盤指數從 9,300 點出發，到 2020 年疫情股災時，不少人喊著下車、再到「萬一」時又有不少人做空；當抵達 13,000 點，是不是又要崩盤了？沒有人會知道，但也無須過度驚慌，畢竟一味的自己嚇自己，反而會錯過上車的好機會。

3. 抱緊才能享富。

「行情總在絕望中誕生，在半信半疑中成長」，股市情況正是此段文字最好的寫照。2020 年初因為疫情影響，股市跌到 10 年線以下（註：股市 10 年線代表近 10 年來的平均價格，若高於的話，就延伸出 10 年來的大好機會之意），讓許多投資人叫苦連天；結果不到半年就站回原本的位階，更進一步創下 30 年來的新高。回頭看看這幾年的操作，仍舊會發現抱緊處理才是王道，再細細品嘗這句：「近看是悲劇開頭，遠看卻以喜劇收尾。」更能體會其奧妙之處。

投資是場馬拉松，抱緊，能讓你賺得更多；而志在山頂的人，不會貪戀山腰的風景。在這條投資路上，我仍以 4 條原則來面對：**樂觀、安心、累積、持續**。如果有任何投資上的問題，我

一樣會不吝給予幫助，歡迎各位讀者提出來跟我一起討論。

最重要的是……預祝大家新年快樂！2021 年讓我們一起繼續抱緊享富！

股海老牛
最新抱緊股年報

老牛不是不出手，
要看價值有沒有。

股海老牛最新抱緊股名單，殖利率上看 8%

　　從這本書中，我們學到了抱緊處理的心法，我也在這裡提供 20 檔成長及價值兼具的潛力股清單，讀者可依照自身偏好、個股屬性及風險承擔能力，從中挑選 10～15 檔來建構專屬的投資組合。而部分股票價位較高，可能會對小資族造成壓力，我建議可以採取零股方式買進。

　　整體來說，選股策略著重於分散不同產業及市場中，例如：從傳統產業的食品、廚衛家電、營建業、金融產業，再到高科技的資訊及半導體產業，藉由分析過去公司營運表現及比較歷史股價，來判斷目前的屬性，這個時候就必須評估該標的未來的成長力道。

　　選股重點則著重於高市占率、營運穩定、獲利成長，即使 2020 年新冠疫情襲擊，也並未影響優秀公司；再搭配過去皆連續發放高額股利回饋投資人，而目前市場低估其內在價值，也造就了個股出現高殖利率的狀況。除非未來營運出現危機，不然在抱緊處理的原則下，長期投資都能獲得不錯的報酬！

　　不少人在投資時，大多數資訊都是參考新聞媒體的消息，卻對公司營運方式及過去的獲利狀況、財務體質不甚其解，導致一有波動就抱不緊，反倒是買高住套房的情況層出不窮。在附錄「股海老牛最新抱緊股年報」中，我不僅會介紹過去表現績優的公司，還會將艱澀的財報數據化為精簡的資訊圖表，以利投資人作為投資參考。

　　以下所提及之個股，各重要指標觀察重點如下所述：

● **產業鏈**：讓投資人知道其公司所屬的產業，並且在產業上中下游所處之位置，亦可描繪出一整個供應鏈中產品的先後出貨情況。例如：京元電子（2449）是在屬於半導體產業中的下游IC 封裝測試，若上中游的半導體公司營收增加，京元電子亦有機會出現營收增加的情況。

● **營收比重變化**：在此圖表當中，投資人可以關注三個重點：營收來源、各項營收比重、歷年營收比重變化。例如聯華（1229）原本屬於食品工業，營收來源主要為小麥類製品，但在2019 年時宣布成為集團控股公司，故其營收來源在 2019 年出現變化、營收比重也跟著調整。

● **近 5 年獲利數據**：觀察一家公司過去 5 年間獲利數據，不僅是為了了解公司在過去的獲利穩定性，以避開獲利大起大落的景氣循環股；也是為了觀察一家公司獲利的成長性。股東權益報酬率（ROE）是股神巴菲特所愛的關鍵指標，若其數值高於15％，代表公司屬於高獲利型的公司。

● **近 5 年股利發放**：我個人最喜歡能發放高股利的公司，從近 5 年股利發放的盈餘發放率，可以觀察一家公司到底是不是打腫臉充胖子。盈餘發放率最好是介於 70％～90％ 之間，而現金股利不僅需要穩定，若能逐年增加，代表「獲利增加→股利成長」，更是我認為可以安心抱緊的好公司。

● 股利價值線：利用過去 5 年企業發放的現金股利來推估企業的價格位階（參考第四章股利價值線圖之內容），投資策略為便宜價買進，合理價以下持有，高於合理價可考慮賣出。

● 本益比河流圖：利用「本益比」與「股價」這 2 種數據，來觀察公司本益比的高低位階，讓投資人可以快速判斷股票現在的價格，是否來到本益比相對低的位階（參考第四章本益比河流圖之內容）。

● 每股自由現金流：股神巴菲特說過，要找到能夠源源不絕創造現金的公司。從自由現金流的財務體質，可以衡量公司賺進現金的能力，持續為公司帶來正向現金流。此觀察重點在於公司能否年年都有正向的自由現金流，若因未來營運而投資、購地建廠房等因素，造成其中一、兩年自由現金流為負值，這是可以接受的，但總和須仍為正數。

而自由現金流為「營業現金流」加上「投資現金流」。營業現金流意指公司藉由營業活動生產銷售公司產品，從客戶收取款項，此為公司主要獲利來源，例如：當生產商品並賣出後，已收到貨款則為營業現金流入（正值）；反之，當生產商品並賣出後尚未收到貨款時，則為營業現金流出（負值）。

至於投資現金流，意指公司為生產銷售所進行的投資活動，例如：當需要時購買廠房及生產設備為投資現金流出（負值）；反之，出售廠房與生產設備則為投資現金流入（正值）。

　　＊註：附錄中銷售區域資料來自年報及法說會；圖表資料來源皆為優分析——「股海老牛」抱緊股模組。

　　＊溫馨小提醒：本附錄中所列建議抱緊股清單，係由老牛逐季追蹤個股資訊及財報指標所得，並不保證未來走向。建議讀者須持續追蹤最新公布之財報，據以調整個股評價。若欲追蹤最新財報資訊，可至網站「公開資訊觀測站」或「Goodinfo! 台灣股市資訊網」查詢個股最新資訊。

 老牛小教室

ROE？ROA？兩個一樣嗎？

　　ROE（股東權益報酬率）可以衡量公司拿股東資金來用心經營後，所創造的利潤度，也可以說是公司賺錢效率的指標。若 ROE ＞ 10％ 就屬於營運良好的公司，若公司能持續穩定獲利，且 ROE 每年表現穩定在 20％ 以上，更是非常績優的公司。

　　至於字面上很像的 ROA，指的是「資產報酬率」，代表企業用所有的資產賺錢的能力，越高表示資產利用率越好。通常，兩個指標呈現平穩或上升趨勢為佳。

　　兩個數字可以至「Goodinfo! 台灣股市資訊網」（搜尋標的→基本分析→經營績效）或「財報狗」（搜尋標的→獲利能力→ROE／ROA）查詢。

股海老牛最新抱緊股名單，殖利率上看 8%

股海老牛最新抱緊股名單

代號	名稱	股價（元）	本益比	累季每股盈餘至 2020Q2（元）
1215	卜蜂	68.2	11.9	2.61
1216	統一	64.5	19.5	1.91
1229	聯華	40.8	16.5	1.14
1326	台化	69.7	34.3	-0.59
1582	信錦	88.2	10.6	4.02
1730	花仙子	70.9	17	2.38
2414	精技	25.05	12.4	1.15
2441	超豐	51.9	13	2.11
2449	京元電子	31.3	9.48	1.62
2480	敦陽科	63.9	14.7	2.29
2546	根基	51.4	12.2	2.91
2548	華固	88.2	5.58	6.48
2809	京城銀	37.05	9.01	1.77
2883	開發金	8.65	15.7	0.21
2884	玉山金	26.4	17	0.77
3014	聯陽	73.3	17.3	2.26
3030	德律	58.8	13.1	2.72
5410	國眾	20.95	10.3	1.01
5880	合庫金	20.1	16.1	0.58
9911	櫻花	47.75	12.1	1.45

註：本益比為：股價÷近 4 季每股盈餘；累季資料至 2020 年第 2 季財報。
製表時間：2020 年 9 月 18 日。

累季至 2020Q2 EPS 達去年全年（%）	近 4 季每股盈餘（元）	2019 年每股盈餘（元）
47.8	5.71	5.46
57	3.31	3.35
45.4	2.47	2.51
-12.1	2.03	4.89
52.8	8.33	7.61
44.3	4.17	5.37
63.5	2.02	1.81
63.4	3.99	3.33
65.1	3.3	2.49
54.5	4.34	4.2
76.8	4.23	3.79
57.1	15.8	11.35
59.2	4.11	2.99
23.9	0.55	0.88
44.5	1.55	1.73
66.9	4.24	3.38
68.5	4.49	3.97
52.1	2.04	1.94
43.6	1.25	1.33
35.7	3.95	4.06

1. 卜蜂（1215）

代號	1215	市場上市／上櫃	上市
名稱	卜蜂	成立年數	43
股本（億元）	26.8	上市年數	33
股價（元）	**68.2**	董事長	鄭武樾
產業別	食品工業	銷售區域	臺灣 100%
主要業務	各種飼料生產加工配製銷售進口及買賣；各種禽畜育種、電動屠宰業務及各種禽畜加工品製品銷售；各種肉類加工品與調理食品及蛋品生產銷售等業務。		
老牛簡評	公司產業鏈：原物料（上游）→加工食品（中游）→冷凍、罐頭、脫水、醃漬食品（下游）。 卜蜂以臺灣內銷市場為主，銷售地區為全省各地，以整合上、中、下游的經營模式，發展自有品牌。 除了獲利穩健之外，存股族喜愛卜蜂有 3 個原因： 1. 波動較低，不會大幅震盪。 2. 生活概念股，屬日常消費常見品牌。 3. 內需族群，不被貿易戰影響。 近期臺灣開放美豬美牛進口，雖卜蜂主力為雞肉，但仍須注意後續影響。		

掃描看更多評論

註：若股本小於 30 億元，屬於中小型股。

● 營收比重變化

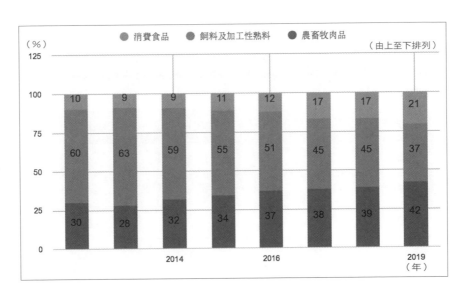

● 近 5 年獲利數據

發放年度	營收（億元）	淨利（億元）	EPS（元）	ROE（％）
2015	166	6.88	2.57	13.7
2016	182	12.6	4.71	21.9
2017	199	14.3	5.35	21.8
2018	189	9.51	3.55	14
2019	212	14.6	5.46	23
平　均	189.6	11.58	4.33	18.88

股海老牛最新抱緊股名單，殖利率上看 8%

● 近 5 年股利發放

連續 14 年配發股利，合計 23.7 元。			
發放年度	現金股利（元）	盈餘發放率（%）	平均殖利率（%）
2016	2	77.8	5.83
2017	3	63.7	4.89
2018	3	56.1	5.27
2019	3	84.5	4.8
2020	4	73.3	6.08
平　均	3	71.08	5.37

● 股利價值線

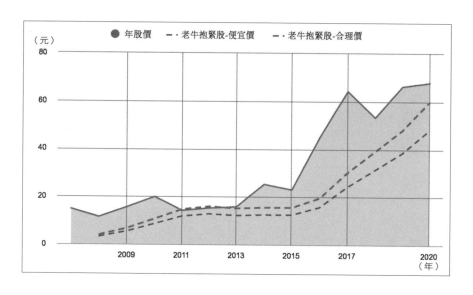

● 本益比河流圖

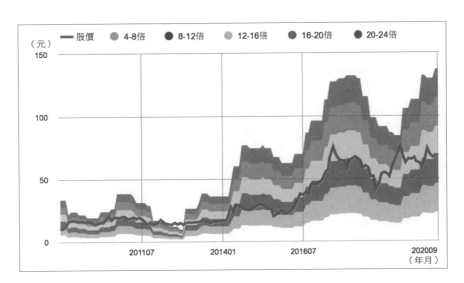

（1215）
卜蜂

● 近 5 年每股自由現金流

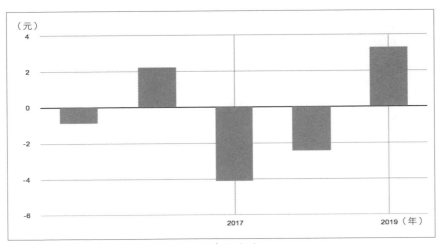

註：自由現金流量＝營業現金流＋投資現金流。

2. 統一（1216）

代號	1216	市場上市／上櫃	上市
名稱	統一	成立年數	53
股本（億元）	568	上市年數	32
股價（元）	**64.5**	董事長	羅智先
產業別	食品工業	銷售區域	臺灣 58.9%、中國 27.8%、其他 13.3%
主要業務	食品事業、便利商店事業、流通事業、包裝容器事業、食糧事業、油品事業、其他（製藥事業、休閒開發事業、物流事業等）。		
老牛簡評	公司產業鏈：原物料（上游）→加工食品（中游）→冷凍、罐頭、脫水、醃漬食品＋乳製品（下游）。 統一為臺灣最大食品廠、中國前三大食品飲料公司。統一企業集團依旗下公司的事業特性與關聯，成立不同核心事業，且於中國、越南、泰國、印尼、菲律賓等東南亞地區也有投資。 2020 年因疫情影響，導致統一的中國市場飲料營收減少，故法人給予較低的本益比；不過管理階層認為隨著封城令放寬，飲料及零售營收將逐步復甦，下半年進入營收旺季，可望維持平穩正成長。		

註：若股本小於 30 億元，屬於中小型股。

● 營收比重變化

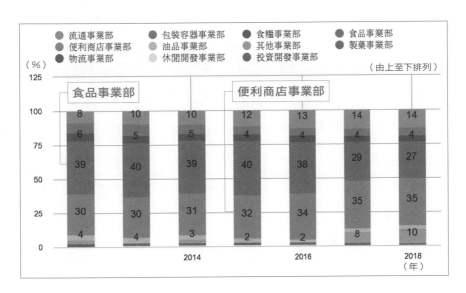

● 近 5 年獲利數據

發放年度	營收（億元）	淨利（億元）	EPS（元）	ROE（%）
2015	4,162	141	2.48	14.1
2016	4,134	145	2.56	15.4
2017	3,999	398	7.01	34.9
2018	4,314	174	3.07	14.9
2019	4,480	190	3.35	16.5
平　均	4,217.8	209.6	3.69	19.16

統一（1216）

● 近 5 年股利發放

連續 37 年配發股利，合計 70.75 元。			
發放年度	現金股利（元）	盈餘發放率（％）	平均殖利率（％）
2016	2	80.6	3.4
2017	2.1	82	3.51
2018	5.5	78.5	7.55
2019	2.5	81.4	3.3
2020	2.5	74.6	3.52
平 均	2.92	79.42	4.26

● 股利價值線

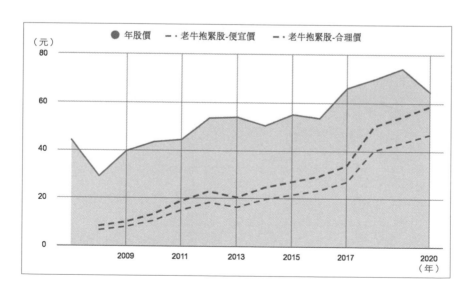

214

（1216）統一

● 本益比河流圖

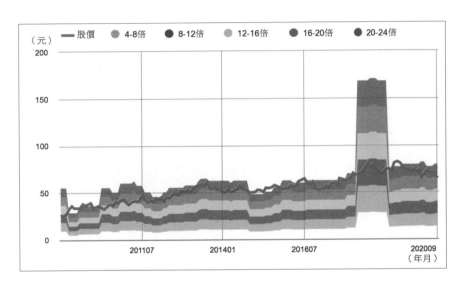

● 近 5 年每股自由現金流

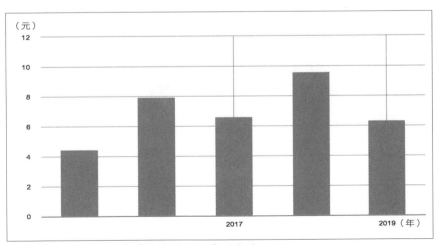

註：自由現金流量＝營業現金流＋投資現金流。

3. 聯華（1229）

代號	1229	市場上市／上櫃	上市
名稱	聯華	成立年數	65
股本（億元）	110	上市年數	44
股價（元）	**40.8**	董事長	苗豐強
產業別	食品工業	銷售區域	臺灣 88.4%、中國 9.4%、其他 2.3%
主要業務	一般投資業。		
老牛簡評	公司產業鏈：原物料（上游）。 聯華實業為臺灣最大的麵粉及相關製品供應商。聯華麵粉在臺灣市占率約 20%，以北部為主要營運地區，市占率穩居市場領先地位，後續轉投資，包含聯華氣體及聯成化學。 2019 年 9 月，聯華轉型為投資控股公司，納入子公司神通電腦及神通資訊營收。 此公司財務結構穩健，自由現金流量也長期維持正數，且每年穩定配發股利，在 16～20 倍本益比間投資相對安全。		

註：若股本小於 30 億元，屬於中小型股。

● 營收比重變化

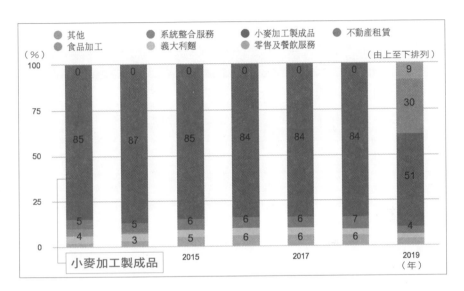

● 近 5 年獲利數據

發放年度	營收（億元）	淨利（億元）	EPS（元）	ROE（%）
2015	53	14.2	1.59	6.71
2016	52.2	21.5	2.37	10.1
2017	48	29.7	3.11	12.5
2018	51	24.8	2.35	9.91
2019	82.7	27.7	2.51	10.1
平　均	57.38	23.58	2.39	9.86

● **近 5 年股利發放**

連續 37 年配發股利，合計 41.25 元。			
發放年度	現金股利（元）	盈餘發放率（%）	平均殖利率（%）
2016	1.2	75.5	5.79
2017	1.6	67.5	5.72
2018	1.8	57.9	4.99
2019	1.6	68.1	4.62
2020	1.6	63.7	3.94
平　均	1.56	66.54	5.01

● **股利價值線**

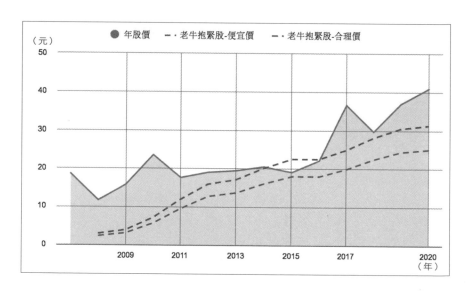

● **本益比河流圖**

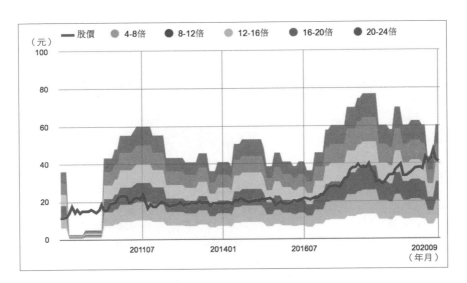

● **近 5 年每股自由現金流**

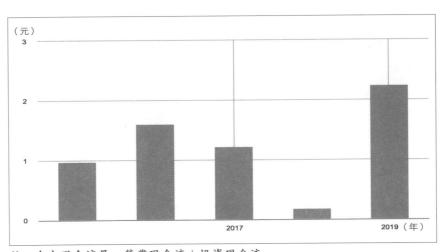

註：自由現金流量＝營業現金流＋投資現金流。

4. 台化（1326）

代號	1326	市場上市／上櫃	上市
名稱	台化	成立年數	55
股本（億元）	586	上市年數	35
股價（元）	**69.7**	董事長	王文淵
產業別	塑膠工業	銷售區域	中國 52%、臺灣 29.2%、其他 18.8%
主要業務	純對苯二甲酸、聚苯乙烯、苯乙烯、鄰二甲苯、對二甲苯、苯、合成酚、丙酮、聚丙烯、二甲基甲醯胺、ABS、嫘縈棉、合成纖維紗、布、耐隆絲、耐隆絲布及其染整加工等製銷。		
老牛簡評	公司產業鏈：石化中間原料（中游）→塑膠製品、人造纖維（下游）。 台化屬於台塑四寶之一，其產品線包括：石化、塑膠、纖維紡織產品。產品售價變動為其營收變動的主要因素，故被歸類於景氣循環股。 2017 年，台化 EPS 為 9.33 元，為近年高峰；2020 年上半年 EPS 雖然是 -0.59 元，不過在下半年力拚反轉。 此公司歷年自由現金流穩定流入，並且為產業龍頭，所以我認為是財務體質佳的「落難龍頭股」。		

註：若股本小於 30 億元，屬於中小型股。

• 營收比重變化

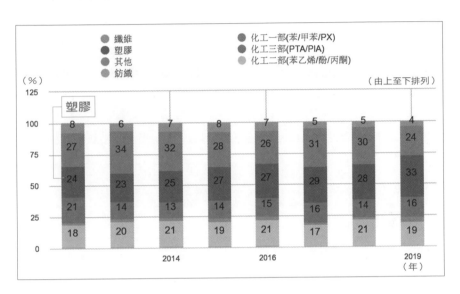

• 近 5 年獲利數據

發放年度	營收（億元）	淨利（億元）	EPS（元）	ROE（%）
2015	3,293	276	4.72	9.63
2016	3,192	438	7.5	13.7
2017	3,584	544	9.33	15
2018	3,991	488	8.36	13
2019	3,155	297	4.89	8.18
平　均	3,443	408.6	6.96	11.9

● 近 5 年股利發放

連續 37 年配發股利，合計 105.3 元。			
發放年度	現金股利（元）	盈餘發放率（%）	平均殖利率（%）
2016	3.5	74.2	4.19
2017	5.6	74.7	5.97
2018	7	75	6.21
2019	6.2	74.2	6.31
2020	3.8	77.7	5.09
平 均	5.22	75.16	5.55

● 股利價值線

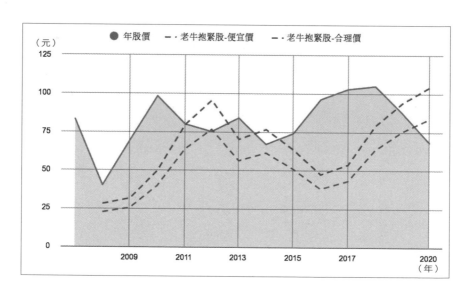

（1326）
台化

● **本益比河流圖**

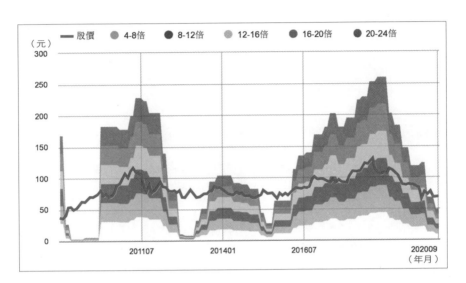

● **近 5 年每股自由現金流**

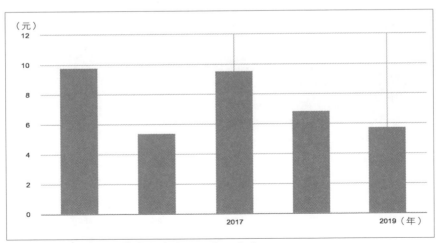

註：自由現金流量＝營業現金流＋投資現金流。

5. 信錦（1582）

代號	1582	市場上市／上櫃	上市
名稱	信錦	成立年數	41
股本（億元）	12.4	上市年數	10
股價（元）	**88.2**	董事長	陳秋郎
產業別	電子零組件業	銷售區域	中國 60.1%、臺灣 39.5%、薩摩亞及美國 0.5%
主要業務	樞紐 HINGE 之製造及買賣；各種模具之加工製造及買賣。		
老牛簡評 掃描看更多評論	公司產業鏈：機構樞紐、金屬、塑膠模具（上游）。 信錦為 LCD 終端產品的樞紐軸承底座大廠，應用於螢幕（Monitor）、電視（TV）、電腦（PC），主攻較高階商用型產品。 公司在既有業務上維持市場領先地位，未來營運成長動能包括： 1. 電競顯示器出貨量逐年提升。 2. 透過併購增加營收規模。 3. 增加客源及產品應用。 2020 年因疫情關係，此公司為保留現金之故，盈餘配發率僅六成；但受惠於遞延訂單及客戶強勁備貨需求，第 2 季獲利創歷史新高，進入下半年旺季。若 2020 年獲利能成長，2021 年股利可望提升。		

註：若股本小於 30 億元，屬於中小型股。

（1582）
信錦

● 營收比重變化

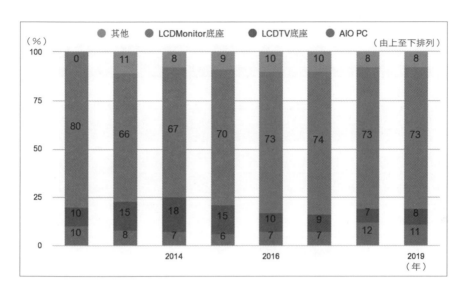

● 近 5 年獲利數據

發放年度	營收（億元）	淨利（億元）	EPS（元）	ROE（%）
2015	94.7	7.91	5.28	14.2
2016	91.4	9.09	6.06	16.3
2017	88.7	8.69	5.42	15.1
2018	88.1	8.9	5.88	15.4
2019	85.8	9.42	7.61	16.7
平　均	89.74	8.8	6.05	15.54

股海老牛最新抱緊股名單，殖利率上看 8%

● 近 5 年股利發放

連續 15 年配發股利，合計 68.8 元。			
發放年度	現金股利（元）	盈餘發放率（%）	平均殖利率（%）
2016	4.5	85.2	8.48
2017	5.45	89.9	8.12
2018	5	92.3	8.01
2019	6.5	111	8.14
2020	4.5	59.1	5.56
平　均	5.19	87.5	7.66

● 股利價值線

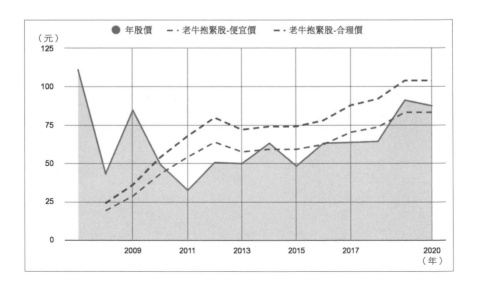

- ## 本益比河流圖

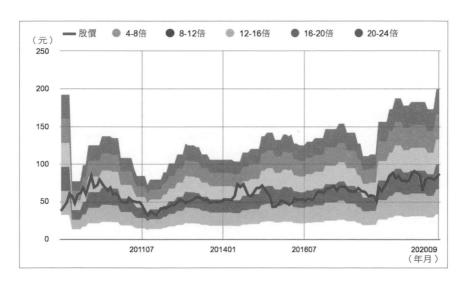

- ## 近 5 年每股自由現金流

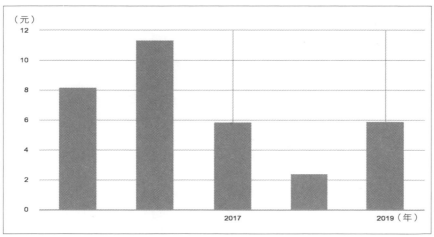

註：自由現金流量＝營業現金流＋投資現金流。

6. 花仙子（1730）

代號	1730	市場上市／上櫃	上市
名稱	花仙子	成立年數	37
股本（億元）	6.32	上市年數	18
股價（元）	**70.9**	董事長	蔡心心
產業別	化學工業	銷售區域	臺灣 79.8%、中國 11.3%、泰國 3.6%、日本 1.6%、馬來西亞 1.2%、其他 1.3%
主要業務	家庭日用化學品工業類、玻璃陶瓷餐具。		
老牛簡評	公司產業鏈：石化中間原料（中游）→塑膠製品、清潔用品（下游）。 花仙子為臺灣家用品大廠，旗下眾多品牌包含：花仙子、好神拖、去味大師、克潮靈、驅塵氏、潔霜等，在臺灣的市占率高。 花仙子在 2018 年下半年與零售通路業者（全聯）合作兌換鑽石鍋活動，營運攀高峰，2018 年和 2019 年的每股盈餘分別為 4.96 元和 5.37 元；但 2019 年 6 月後，業務合作專案告一段落，花仙子的營收便大幅減少，再加上過去營收基期較高，營收月增率接連出現衰退。 目前年底屬於清潔用品銷售旺季，投資人可以從營收走勢，觀察花仙子是否已度過營收衰退的低潮期。		

註：若股本小於 30 億元，屬於中小型股。

● 營收比重變化

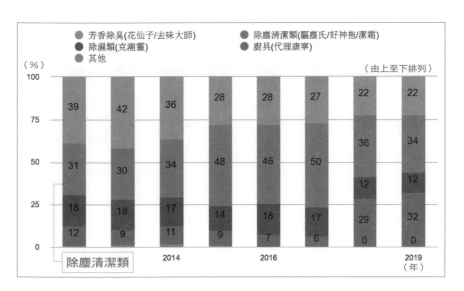

● 近 5 年獲利數據

發放年度	營收（億元）	淨利（億元）	EPS（元）	ROE（%）
2015	19.9	1.46	2.73	14.3
2016	20.7	1.71	3.04	16.7
2017	20.2	1.8	3.13	15.2
2018	29.8	3	4.96	21.1
2019	33.9	3.4	5.37	21.3
平　均	24.9	2.27	3.85	17.72

股海老牛最新抱緊股名單，殖利率上看 8%

● 近 5 年股利發放

連續 23 年配發股利，合計 32.9 元。			
發放年度	現金股利（元）	盈餘發放率（%）	平均殖利率（%）
2016	2	73.3	5.43
2017	2.18	71.6	5.4
2018	2.27	72.5	4.57
2019	3.5	70.6	4.6
2020	3.76	70	5.29
平　均	2.74	71.6	5.06

● 股利價值線

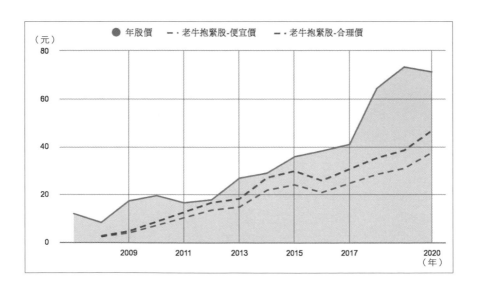

（1730）
花仙子

● 本益比河流圖

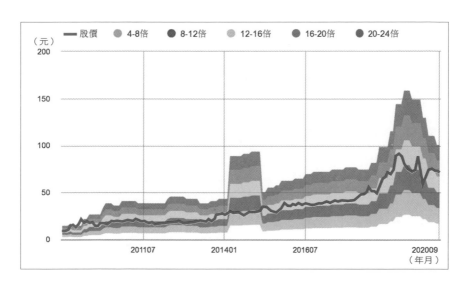

● 近 5 年每股自由現金流

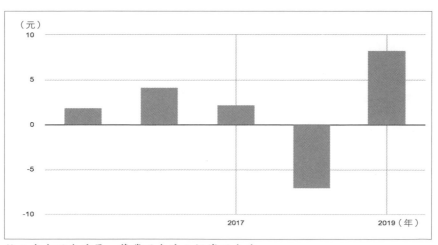

註：自由現金流量＝營業現金流＋投資現金流。

7. 精技（2414）

代號	2414	市場上市／上櫃	上市
名稱	精技	成立年數	41
股本（億元）	16.2	上市年數	19
股價（元）	**25.05**	董事長	葉國筌
產業別	電子通路業	銷售區域	亞洲 95.1%、美洲 2.9%、歐洲 1.9%
主要業務	電腦及電腦周邊產品之通路經營。		
老牛簡評	公司產業鏈：通路經營商、系統整合商、經銷商、專賣店、資訊顧問公司（中游）。 精技受惠於臺商回流擴廠，加上 AI、雲端伺服器業務高成長，以及 AMD 新處理器銷售升溫，帶動業績出現近年少見的雙位數成長。 我之所以看重精技，有幾個特點：獲利成長、股利成長、高盈餘發放率及高殖利率。 最後要提醒投資人，精技屬於電子通路業，各項利潤率偏低，並且屬於波動低、成交量低的冷門股，大家千萬不能忘記這點。		

掃描看更多評論

註：若股本小於 30 億元，屬於中小型股。

● **營收比重變化**

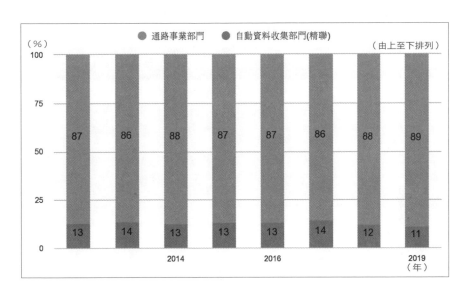

● **近 5 年獲利數據**

發放年度	營收（億元）	淨利（億元）	EPS（元）	ROE（%）
2015	157	2.24	1.38	8.01
2016	162	2.34	1.44	8.28
2017	168	2.58	1.59	9.09
2018	171	2.55	1.58	8.5
2019	190	2.94	1.81	9.7
平　均	169.6	2.53	1.56	8.72

股海老牛最新抱緊股名單，殖利率上看 8%

● 近 5 年股利發放

發放年度	現金股利（元）	盈餘發放率（%）	平均殖利率（%）
連續 27 年配發股利，合計 43.76 元。			
2016	1.25	90.6	7.57
2017	1.3	90.3	6.98
2018	1.4	88.1	6.98
2019	1.45	91.8	6.85
2020	1.5	82.9	6.23
平 均	1.38	88.7	6.92

● 股利價值線

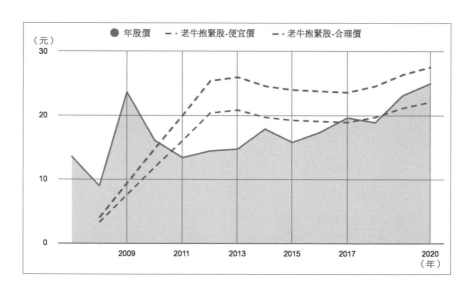

● 本益比河流圖

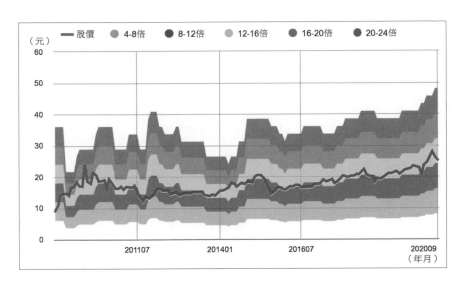

● 近 5 年每股自由現金流

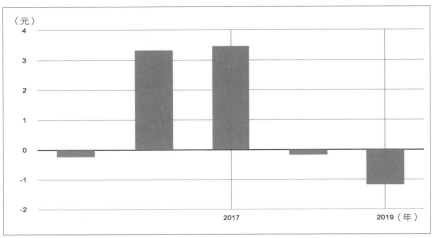

註：自由現金流量＝營業現金流＋投資現金流。

8. 超豐（2441）

代號	2441	市場上市／上櫃	上市
名稱	超豐	成立年數	37
股本（億元）	56.9	上市年數	19
股價（元）	**51.9**	董事長	蔡篤恭
產業別	半導體業	銷售區域	臺灣 73.9%、歐洲 11.5%、美洲 9%、中國／香港 5.6%
主要業務	各種積體電路之封裝、測試及相關業務。		
老牛簡評	公司產業鏈：IC 封裝測試（下游）。 因為此公司誤踩「虛擬貨幣」地雷，導致獲利在 2019 年跌了一大跤（詳見自序內容）；但公司營運逐漸回穩，獲利也在 2020 年轉為正成長。 此公司歷年盈餘發放率將近七成，且近 3 年發出 2.4～3 元，平均殖利率 5% 以上，屬於能安心抱緊的個股。 2020 年第 2 季及上半年，超豐繳出成立以來最佳成績，若下半年獲利持續走高，則可期待 2021 年股利增加。		

註：若股本小於 30 億元，屬於中小型股。

● 營收比重變化

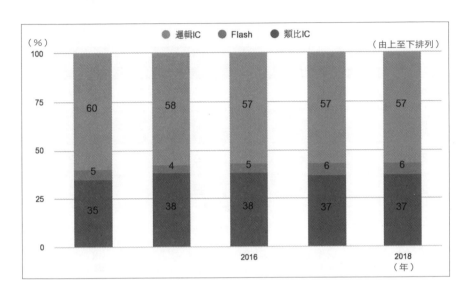

● 近 5 年獲利數據

發放年度	營收（億元）	淨利（億元）	EPS（元）	ROE（%）
2015	95.4	19.8	3.47	14.6
2016	106	22.4	3.94	15.8
2017	120	25.1	4.41	16.7
2018	124	23.8	4.18	15
2019	120	19	3.33	11.5
平　均	113.08	22.02	3.87	14.72

股海老牛最新抱緊股名單，殖利率上看 8%

● 近 5 年股利發放

連續 23 年配發股利，合計 54.09 元。			
發放年度	現金股利（元）	盈餘發放率（%）	平均殖利率（%）
2016	2.4	69.2	6.37
2017	2.75	69.8	5.8
2018	3	68	5.92
2019	2.7	64.6	6.29
2020	2.3	69.1	4.96
平　均	2.63	68.14	5.87

● 股利價值線

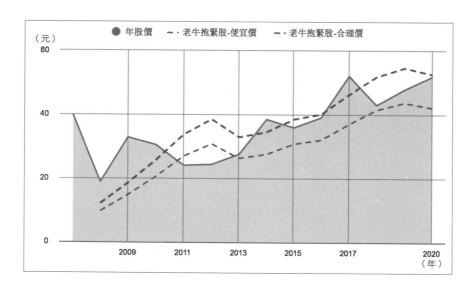

（2441）
超豐

● 本益比河流圖

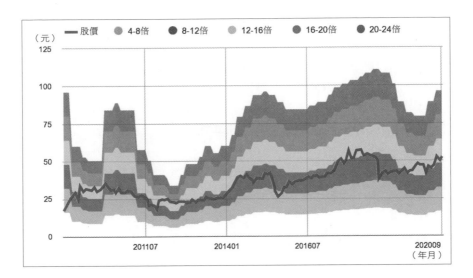

● 近 5 年每股自由現金流

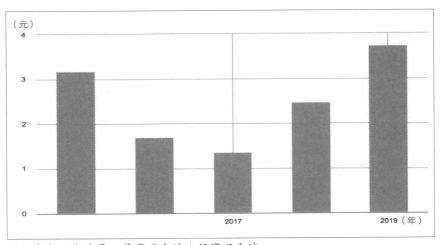

註：自由現金流量＝營業現金流＋投資現金流。

9. 京元電子（2449）

代號	2449	市場上市／上櫃	上市
名稱	京元電子	成立年數	33
股本（億元）	122	上市年數	19
股價（元）	**31.3**	董事長	李金恭
產業別	半導體業	銷售區域	亞洲除臺灣 52.6%、臺灣 25.9%、北美 19.3%、其他 2.2%
主要業務	各種積體電路之設計、製造、測試、配件、加工、包裝、買賣業務；各種奔應機和其零配件之製造、加工、買賣業務，及前各項產品之進出口貿易業務。		
老牛簡評	公司產業鏈：IC 封裝測試（下游）。 京元電子不受 2020 年疫情影響，受惠於 5G 基地臺訂單成長、影像感測器訂單持穩，營收獲利雙創高。從本益比河流圖中，也可以看到趨勢向上，代表這家公司盈餘一直在成長。 不過近期因為華為新禁令（美國禁止使用華為 5G 設備，預期下游供應商營收減少），京元電子的股價反向下跌，或許是撿便宜的好時機，但我仍建議投資人注意後續營收及獲利是否有變化。		

掃描看更多評論

註：若股本小於 30 億元，屬於中小型股。

● **營收比重變化**

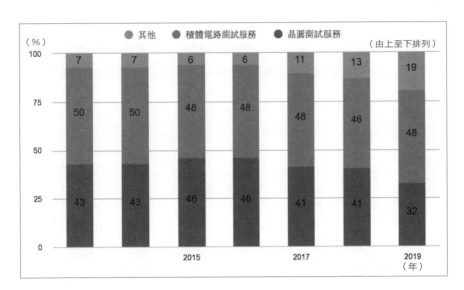

● **近 5 年獲利數據**

發放年度	營收（億元）	淨利（億元）	EPS（元）	ROE（%）
2015	171	22.8	1.93	10.1
2016	201	29.8	2.56	12.9
2017	197	22.3	1.88	9.16
2018	208	18	1.47	7.24
2019	255	30.4	2.49	12
平 均	206.4	24.66	2.07	10.28

股海老牛最新抱緊股名單，殖利率上看 8%

- ### 近 5 年股利發放

連續 10 年配發股利，合計 13.91 元。			
發放年度	現金股利（元）	盈餘發放率（％）	平均殖利率（％）
2016	1.2	62.2	4.41
2017	1.8	70.2	6.11
2018	1.8	95.6	6.96
2019	1.35	91.8	4.41
2020	1.8	72.3	5.29
平　均	1.59	78.42	5.44

- ### 股利價值線

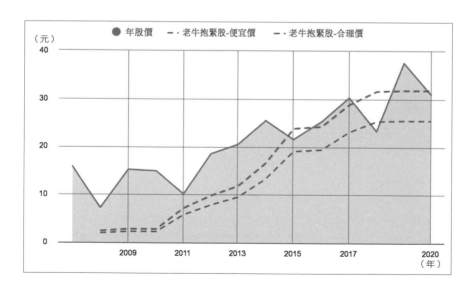

（2449）
京元電子

● 本益比河流圖

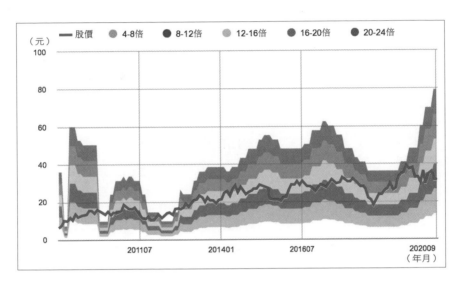

● 近 5 年每股自由現金流

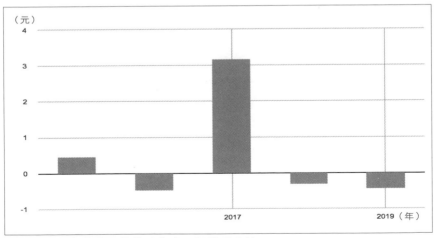

註：自由現金流量＝營業現金流＋投資現金流。

10. 敦陽科（2480）

代號	2480	市場上市／上櫃	上市
名稱	敦陽科	成立年數	27
股本（億元）	10.6	上市年數	18
股價（元）	**63.9**	董事長	梁修宗
產業別	資訊服務業	銷售區域	臺灣 88.3%、中國含香港 10.4%、其他 1.3%
主要業務	電腦系統、電腦周邊、網路產品及電腦軟體之規畫、銷售及整合，以及系統整合及諮詢與維修等。		
老牛簡評	公司產業鏈：通路經營商、系統整合商、經銷商、專賣店、資訊顧問公司（中游）。 國內 1,000 大企業有半數是敦陽科的客戶，代表性客戶有台積電、政府單位及不少金控公司，上自電子金融，下至政府醫療，橫跨各行各業。 除了延續 2019 年資安、AI、金融等需求外，純網銀、5G 商機將替敦陽科帶來新的動能。 須注意敦陽科過去本益比多落在 12～16 倍之間，可以作為買賣的參考位階。		

掃描看更多評論

註：若股本小於 30 億元，屬於中小型股。

（2480）
敦陽科

● 營收比重變化

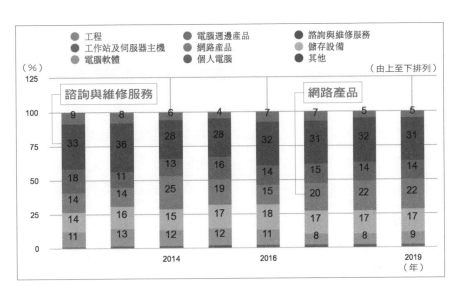

● 近 5 年獲利數據

發放年度	營收（億元）	淨利（億元）	EPS（元）	ROE（%）
2015	44	2.68	2.02	9.68
2016	42.2	3	2.25	10.9
2017	42	3.06	2.56	11.6
2018	46.5	4.04	3.8	15.6
2019	55.2	4.47	4.2	16.4
平　均	45.98	3.45	2.97	12.84

股海老牛最新抱緊股名單，殖利率上看 8%

（2480）
敦陽科

● 近 5 年股利發放

連續 23 年配發股利，合計 63.04 元。			
發放年度	現金股利（元）	盈餘發放率（%）	平均殖利率（%）
2016	2	99	7.73
2017	2.1	93.3	6.57
2018	2.62	102	6.8
2019	3.42	90	6.61
2020	4.45	106	7.24
平　均	2.92	98.06	6.99

● 股利價值線

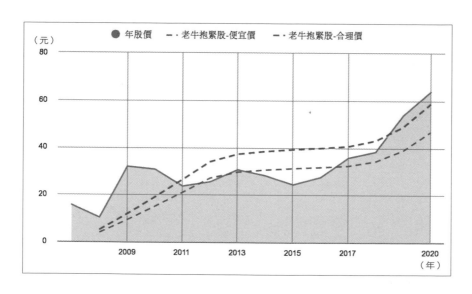

● 本益比河流圖

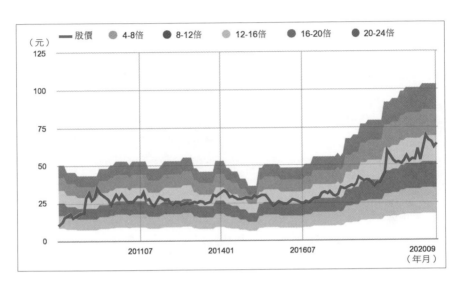

● 近 5 年每股自由現金流

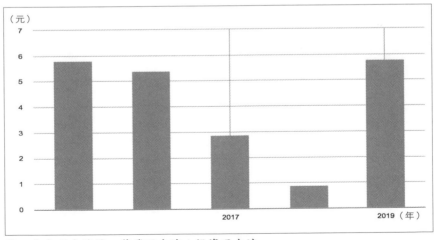

註：自由現金流量＝營業現金流＋投資現金流。

11. 根基（2546）

代號	2546	市場上市／上櫃	上市
名稱	根基	成立年數	38
股本（億元）	10.6	上市年數	19
股價（元）	**51.4**	董事長	袁藹維
產業別	建材營造業	銷售區域	臺灣 100%
主要業務	土木、建築、水利及整地工程之承攬。各項基礎工程之承攬。橋梁、隧道工程之承攬。		
老牛簡評	公司產業鏈：製造業（中游）。 根基的三大獲利來源，也代表著 3 股成長動能： 1. 住宅工程：都市更新。 2. 土木工程：前瞻基礎建設計畫。 3. 其他工程：臺商回流。 除了每年獲利持續成長之外，最重要的是發出近八成的盈餘來回饋投資人，平均殖利率也高達 8% 以上。 從本益比河流圖來看，根基已進入 12 倍本益比，在 8～12 倍的區間上緣，投資人可關注獲利是否能持續成長。		

註：若股本小於 30 億元，屬於中小型股。

（2546）根基

- ## 營收比重變化

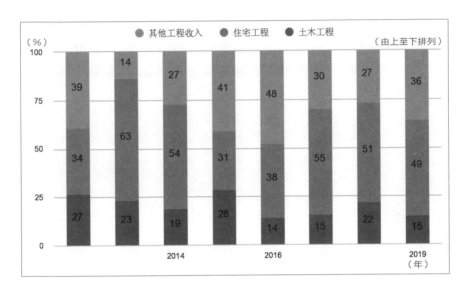

近 5 年獲利數據

發放年度	營收（億元）	淨利（億元）	EPS（元）	ROE（％）
2015	58.6	1.34	1.27	6.33
2016	83.1	2.04	1.93	9.51
2017	83.7	2.95	2.79	12.9
2018	114	4.08	3.84	16.7
2019	115	4.02	3.79	15.3
平 均	90.88	2.89	2.72	12.15

（2546）根基

● 近 5 年股利發放

連續 14 年配發股利，合計 21.92 元。			
發放年度	現金股利（元）	盈餘發放率（%）	平均殖利率（%）
2016	1	78.7	6.4
2017	1.5	77.7	8.16
2018	2.16	77.4	8.84
2019	3	78.1	8.78
2020	3	79.2	7.65
平　均	2.13	78.22	7.97

● 股利價值線

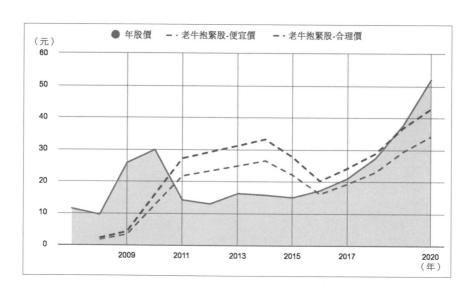

● 本益比河流圖

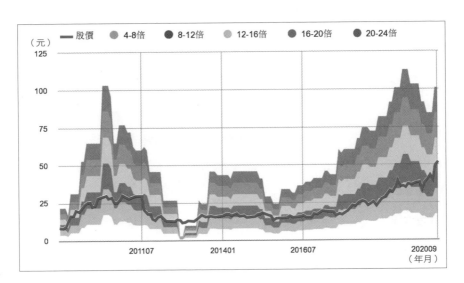

（2546）根基

（元）

- ── 股價
- ● 4-8倍
- ● 8-12倍
- ● 12-16倍
- ● 16-20倍
- ● 20-24倍

● 近 5 年每股自由現金流

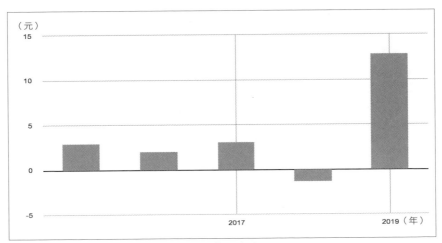

註：自由現金流量＝營業現金流＋投資現金流。

12. 華固（2548）

代號	2548	市場上市／上櫃	上市
名稱	華固	成立年數	31
股本（億元）	27.7	上市年數	18
股價（元）	**88.2**	董事長	鍾榮昌
產業別	建材營造業	銷售區域	臺灣 100%
主要業務	委託營造廠商興建商業大樓、國民住宅及廠辦之出租以及出售；室內裝潢業務及建材、機械買賣及進出口貿易業務委託；營造廠興建一般工業用地之廠房倉庫出租等業務。		
老牛簡評	公司產業鏈：建設業（中游）。 鎖定北部的根基及華固，雖然同屬營建股，但根基獲利來源為工程收入，具備持續性，而主要營利來源為房屋銷售，需要等房屋建造完成並賣出後才能認列收入，營運循環期較長。 華固的推案政策大都專注在雙北房市，可以看到近年的推案也都在雙北精華區居多，不過因為建案營收認列的時間點，可分為「預售」與「推案」，所以對於營建股要特別留意這兩點。 另外，華固連續 22 年配發股利，近年皆能配出 5～7 元現金股利，屬於能長期投資的抱緊股。		

註：若股本小於 30 億元，屬於中小型股。

（2548）
華固

● 營收比重變化

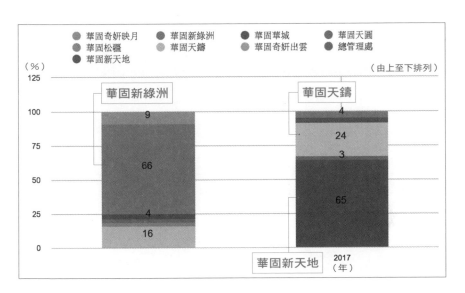

● 近 5 年獲利數據

發放年度	營收（億元）	淨利（億元）	EPS（元）	ROE（％）
2015	75.5	26.5	9.59	19.3
2016	118	24.1	8.73	16.4
2017	104	21.8	7.87	14.2
2018	46.4	8.64	3.12	5.62
2019	198	31.4	11.35	19.7
平　均	108.38	22.49	8.13	15.04

● 近 5 年股利發放

連續 22 年配發股利，合計 **99.96** 元。			
發放年度	現金股利（元）	盈餘發放率（％）	平均殖利率（％）
2016	5.5	57.4	9.87
2017	5.6	64.1	8.37
2018	5.2	66.1	7.67
2019	5	160	6.19
2020	7.5	66.1	8.54
平 均	5.76	82.74	8.13

● 股利價值線

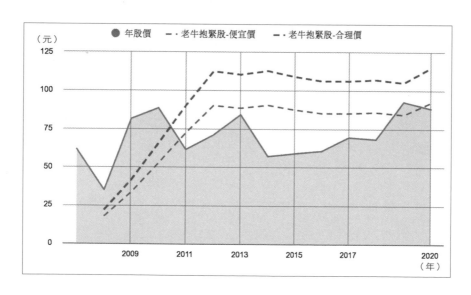

• 本益比河流圖

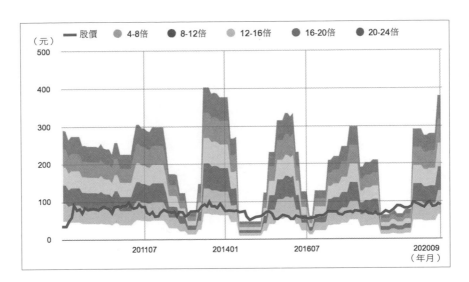

• 近 5 年每股自由現金流

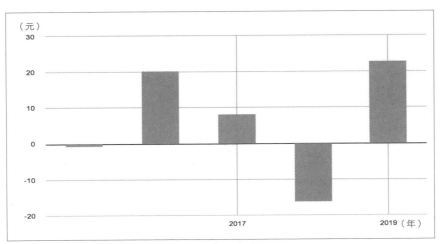

註：自由現金流量＝營業現金流＋投資現金流。

13. 京城銀（2809）

代號	2809	市場上市／上櫃	上市
名稱	京城銀	成立年數	69
股本（億元）	112	上市年數	37
股價（元）	**37.05**	董事長	戴誠志
產業別	銀行業	銷售區域	無
主要業務	存款、放款、外匯、財富管理、投資、信託、保險代理人等金融業務。		
老牛簡評	銀行股獲利來源單純，收入來源可以分成 3 塊：利息、手續費、其他。 京城銀在 2018 與 2019 年分別碰到華映及綠能倒閉，認列巨額呆帳，造成獲利大幅下滑，連帶股價下跌至近年低點。 不過它在 2020 年獲利回到正軌，並且挾著資本公積將超過股本，故 2021 年現金股利有機會超過 1.5 元。		

註：若股本小於 30 億元，屬於中小型股。

● 營收比重變化

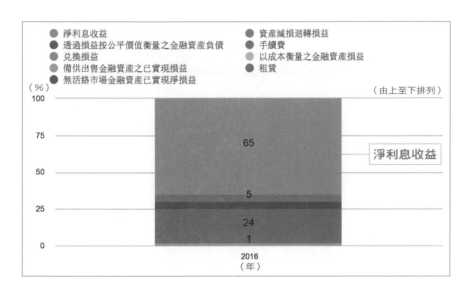

- ● 淨利息收益
- ● 透過損益按公平價值衡量之金融資產負債
- ● 兌換損益
- ● 備供出售金融資產之已實現損益
- ● 無活絡市場金融資產已實現淨損益
- ● 資產減損迴轉損益
- ● 手續費
- ● 以成本衡量之金融資產損益
- ● 租賃

（％）　　　　　　　　　　　　　　　　（由上至下排列）

淨利息收益

● 近 5 年獲利數據

發放年度	營收（億元）	淨利（億元）	EPS（元）	ROE（％）
2015	61.2	36.8	3.09	13.2
2016	75.2	47.8	4.17	15.6
2017	90.1	56.1	4.89	16.1
2018	70	28.8	2.51	7.98
2019	84.9	34	2.99	8.93
平　均	76.3	40.7	3.53	12.36

股海老牛最新抱緊股名單，殖利率上看 8%

● 近 5 年股利發放

連續 8 年配發股利，合計 11 元。			
發放年度	現金股利（元）	盈餘發放率（%）	平均殖利率（%）
2016	0.5	16.1	2.08
2017	1.5	36	4.78
2018	1.5	30.7	4.43
2019	1.5	59.8	4.67
2020	1.5	50.2	4.41
平　均	1.3	38.56	4.07

● 股利價值線

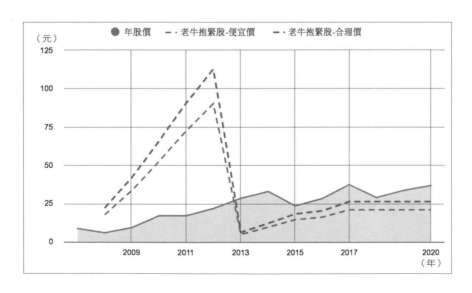

（2809）
京城銀

● **本益比河流圖**

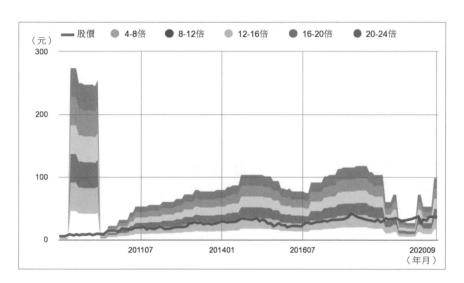

● **近 5 年每股自由現金流**

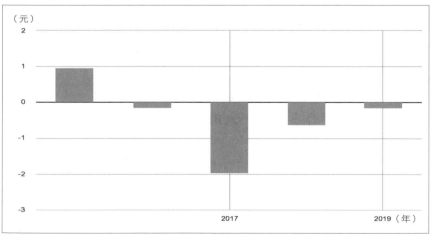

註：自由現金流量＝營業現金流＋投資現金流。

14. 開發金（2883）

代號	2883	市場上市／上櫃	上市
名稱	開發金	成立年數	18
股本（億元）	1,497	上市年數	18
股價（元）	**8.65**	董事長	張家祝
產業別	金控業	銷售區域	無
主要業務	投資及被投資公司之管理。		
老牛簡評	開發金具備四大獲利引擎均衡發展，分別為中國人壽、凱基銀行、凱基證券及中華開發資本。 其上半年受到全球疫情影響獲利表現，近月獲利明顯回溫，而下半年獲利有機會隨疫情趨緩走穩。 市場很關心開發金 100% 併購中國人壽的進度，目前正由金管會盯著，預計 2022 年 6 月完成合併，投資人可注意合併後的綜效。		

註：若股本小於 30 億元，屬於中小型股。

● 營收比重變化

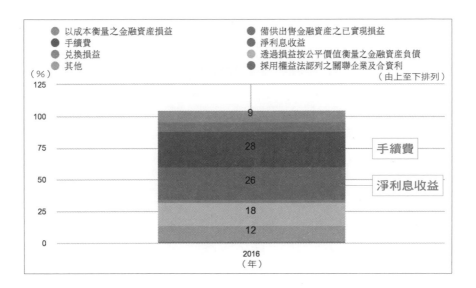

● 以成本衡量之金融資産損益　　　　● 備供出售金融資産之已實現損益
● 手續費　　　　　　　　　　　　　● 淨利息收益
● 兌換損益　　　　　　　　　　　　● 透過損益按公平價值衡量之金融資産負債
● 其他　　　　　　　　　　　　　　● 採用權益法認列之關聯企業及合資利
（由上至下排列）

● 近 5 年獲利數據

發放年度	營收（億元）	淨利（億元）	EPS（元）	ROE（%）
2015	297	85.3	0.58	5
2016	271	59.2	0.4	3.57
2017	854	117	0.8	5.94
2018	2,523	78.5	0.54	5.42
2019	2,404	128	0.88	7.56
平　均	1,270	93.6	0.64	5.5

股海老牛最新抱緊股名單，殖利率上看 8%

● 近 5 年股利發放

連續 8 年配發股利，合計 3.68 元。			
發放年度	現金股利（元）	盈餘發放率（％）	平均殖利率（％）
2016	0.5	86.2	6.29
2017	0.5	125	5.7
2018	0.6	75	5.62
2019	0.3	55.6	3.12
2020	0.6	68.2	6.75
平　均	0.5	82	5.5

● 股利價值線

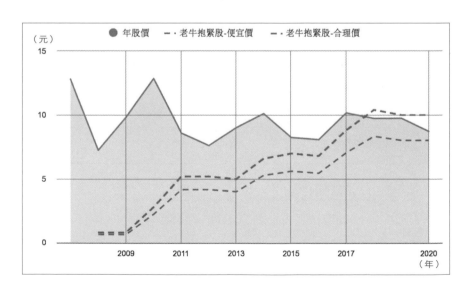

● **本益比河流圖**

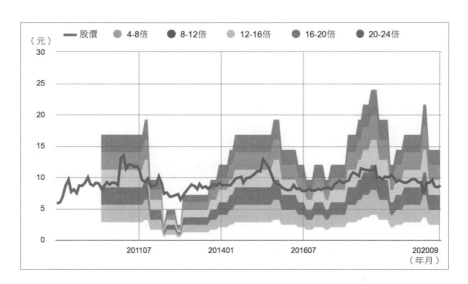

（2883）
開發金

● **近 5 年每股自由現金流**

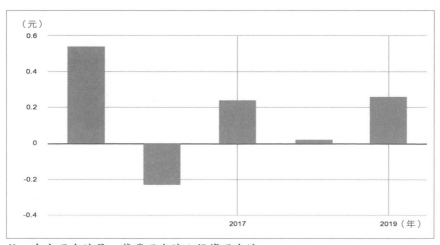

註：自由現金流量＝營業現金流＋投資現金流。

15. 玉山金（2884）

代號	2884	市場上市／上櫃	上市
名稱	玉山金	成立年數	18
股本（億元）	1,162	上市年數	18
股價（元）	**26.4**	董事長	黃永仁
產業別	金控業	銷售區域	無
主要業務	金融控股公司業。		
老牛簡評	金融股被我認為是「金身不倒股」，也就是其錢滾錢的特性，為投資人提供穩定的現金流。 玉山金屬於以銀行為本體的金控股，近年獲利穩健成長，報酬率也相當驚人。不過 2020 年因疫情影響，上半年稅後淨利較 2019 年同期衰退 5.8%。 在第三章中，我提過自己對玉山金的評價，目前玉山金仍是長期投資的標的。		

註：若股本小於 30 億元，屬於中小型股。

（2884）
玉山金

● 營收比重變化

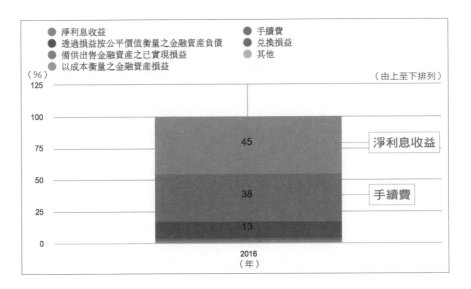

● 近 5 年獲利數據

發放年度	營收（億元）	淨利（億元）	EPS（元）	ROE（％）
2015	385	128	1.63	11.2
2016	411	131	1.5	10.4
2017	461	148	1.49	10.5
2018	494	171	1.58	11.1
2019	545	201	1.73	12.1
平　均	459.2	155.8	1.59	11.06

股海老牛最新抱緊股名單，殖利率上看 8%

● 近 5 年股利發放

連續 13 年配發股利，合計 13.96 元。			
發放年度	現金股利（元）	盈餘發放率（%）	平均殖利率（%）
2016	0.43	26.4	2.39
2017	0.49	32.7	2.65
2018	0.61	41.1	2.95
2019	0.71	44.9	2.81
2020	0.79	45.7	2.9
平　均	0.61	38.16	2.74

● 股利價值線

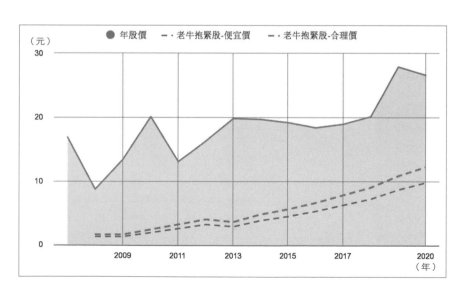

（2884）
玉山金

● **本益比河流圖**

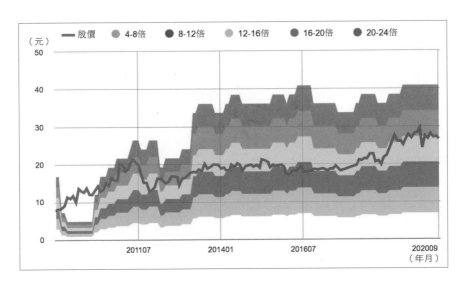

● **近 5 年每股自由現金流**

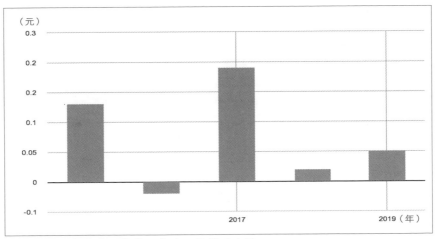

註：自由現金流量＝營業現金流＋投資現金流。

16. 聯陽（3014）

代號	3014	市場上市／上櫃	上市
名稱	聯陽	成立年數	24
股本（億元）	16.1	上市年數	17
股價（元）	**73.3**	董事長	胡鈞陽
產業別	半導體業	銷售區域	臺灣 72.7%、亞洲 27.2%、歐洲 0.1%
主要業務	電腦周邊控制 IC、資訊家電相關 IC、液晶螢幕顯示器相關 IC。		
老牛簡評	公司產業鏈：IC 設計（上游）。 聯陽在 2011 年時發生巨額虧損，但是不用太擔心，它之後幾年的獲利逐漸穩定成長，公司處於「獲利增加→股利多發→股價上漲」的正向循環當中。 因此可以看到此公司目前河流圖趨勢向上，表示盈餘一直在成長，2020 年獲利有機會大幅成長，並挑戰近 13 年獲利新高——EPS 4 元。 我要提醒投資人，應注意追高風險，對成長股來說，於本益比 15 倍以下買進相對安全。		

掃描看更多評論

註：若股本小於 30 億元，屬於中小型股。

● 營收比重變化

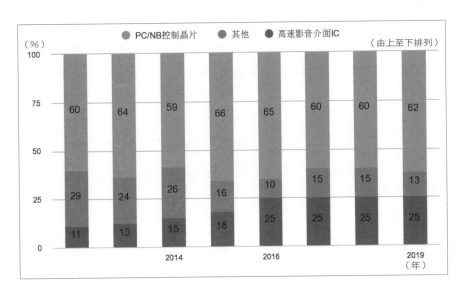

● 近 5 年獲利數據

發放年度	營收（億元）	淨利（億元）	EPS（元）	ROE（％）
2015	30.8	3.38	2.2	9.14
2016	31.3	3.64	2.38	9.71
2017	31.7	3.9	2.47	10.1
2018	33.6	4.87	3.08	12.6
2019	36.6	5.39	3.38	13.6
平　均	32.8	4.24	2.7	11.03

股海老牛最新抱緊股名單，殖利率上看 **8%**

● 近 5 年股利發放

連續 8 年配發股利，合計 **17.83** 元。			
發放年度	現金股利（元）	盈餘發放率（％）	平均殖利率（％）
2016	2	90.9	6.93
2017	2.93	123	8.48
2018	2.5	101	7.19
2019	2.7	87.7	7.35
2020	3.3	97.6	6.17
平　均	2.69	100.04	7.22

● 股利價值線

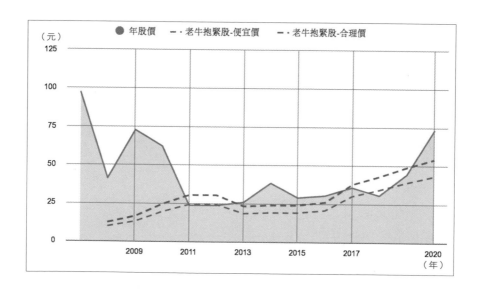

（3014）
聯陽

● 本益比河流圖

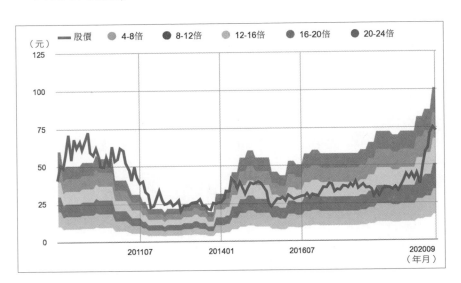

● 近 5 年每股自由現金流

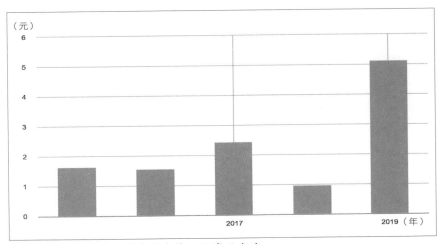

註：自由現金流量＝營業現金流＋投資現金流。

17. 德律(3030)

代號	3030	市場上市／上櫃	上市
名稱	德律	成立年數	31
股本（億元）	23.6	上市年數	17
股價（元）	**58.8**	董事長	陳玠源
產業別	其他電子業	銷售區域	亞洲 84.6%、歐洲 10.2%、美洲 4.3%、其他 0.9%
主要業務	組裝電路板自動檢測設備暨相關治具、自動檢測設備。		
老牛簡評	公司產業鏈:生產製程及檢測設備（中游）。 PCB 自動檢測設備商德律,毛利率 50% 以上有高利潤基礎,再加上歷年獲利相當穩健,這幾年都能維持 6% 左右的高殖利率。 投資人要注意德律下半年的營收狀況,若營收能站在年增的角度上,2021 年應該也可以發放不錯的高股利。 此外,可以參考本益比河流圖的位階,最好能在 12 倍以下買進,才相對安全。		

註:若股本小於 30 億元,屬於中小型股。

● 營收比重變化

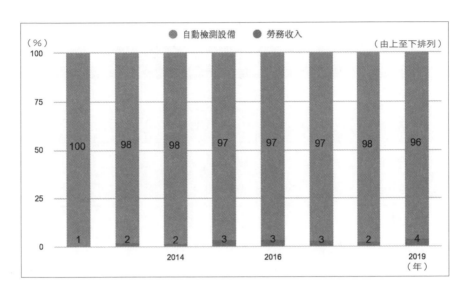

● 近 5 年獲利數據

發放年度	營收（億元）	淨利（億元）	EPS（元）	ROE（%）
2015	47.5	9.99	4.23	17.5
2016	31	4.29	1.82	7.94
2017	36	5.95	2.52	11.7
2018	49.2	10.6	4.51	20.6
2019	43.9	9.39	3.97	17.5
平　均	41.52	8.04	3.41	15.05

（3030）
德律

● 近 5 年股利發放

連續 22 年配發股利，合計 64.6 元。			
發放年度	現金股利（元）	盈餘發放率（％）	平均殖利率（％）
2016	4	94.6	9.28
2017	3	165	7.49
2018	3	119	5.72
2019	3.7	82	7.26
2020	3.3	83.1	6.24
平 均	3.4	108.74	7.2

● 股利價值線

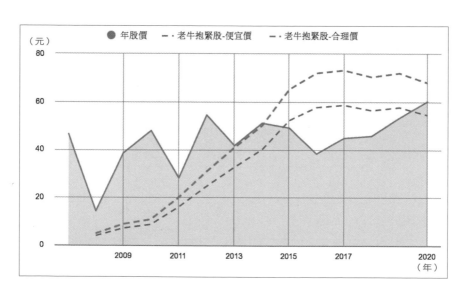

● **本益比河流圖**

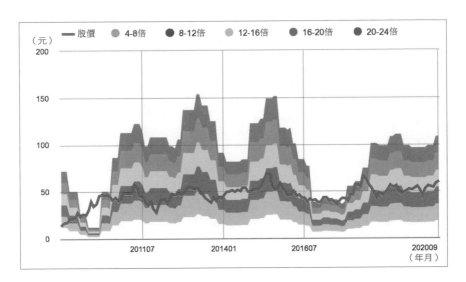

● **近 5 年每股自由現金流**

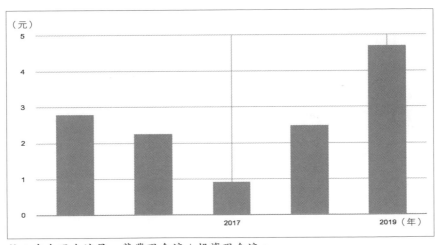

註：自由現金流量＝營業現金流＋投資現金流。

275

18. 國眾（5410）

代號	5410	市場上市／上櫃	上櫃
名稱	國眾	成立年數	34
股本（億元）	8.59	上市年數	20
股價（元）	**20.95**	董事長	王超群
產業別	資訊服務業	銷售區域	臺灣 100%
主要業務	資訊軟硬體銷售、資訊服務、系統整合；金融業自動化解決方案；網際網路行銷。		
老牛簡評	公司產業鏈：通路經營商、系統整合商、經銷商、專賣店、資訊顧問公司（中游）。 國眾為臺灣資訊系統整合業者，擁有資通訊、金融、醫療、電商等系統整合解決方案，客戶遍及政府單位及各大產業。 此外，它是 Google 的「關鍵字服務」臺灣區授權代理商，也可以稱為 Google 的好夥伴。 國眾屬於冷門股，波動較大盤低很多，從股利價值線來看，股價長期都在合理價之下，並且能穩穩發出高股利，殖利率平均有 7% 以上，所以很適合當作定存股。		

掃描看更多評論

註：若股本小於 30 億元，屬於中小型股。

● 營收比重變化

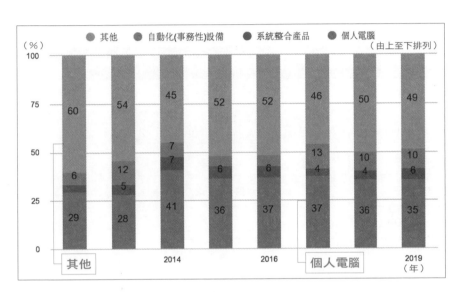

● 近 5 年獲利數據

發放年度	營收（億元）	淨利（億元）	EPS（元）	ROE（%）
2015	24.3	1.23	1.39	11.7
2016	25.6	1.14	1.32	10.8
2017	28.2	1.2	1.4	11.1
2018	32.3	1.36	1.58	12
2019	34.5	1.67	1.94	14.7
平　均	28.98	1.32	1.53	12.06

● 近 5 年股利發放

連續 11 年配發股利，合計 11.27 元。			
發放年度	現金股利（元）	盈餘發放率（%）	平均殖利率（%）
2016	1.22	87.8	9.53
2017	1	75.8	7.34
2018	1.23	87.9	7.46
2019	1.3	82.3	7.1
2020	1.5	77.3	7.44
平　均	1.25	82.22	7.77

● 股利價值線

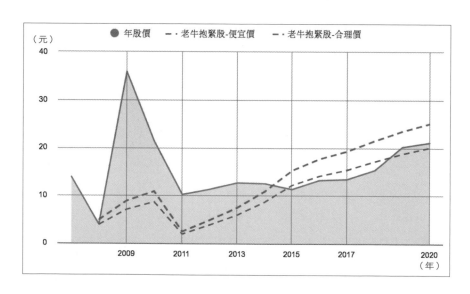

● 本益比河流圖

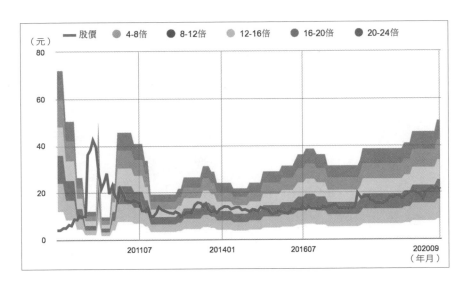

● 近 5 年每股自由現金流

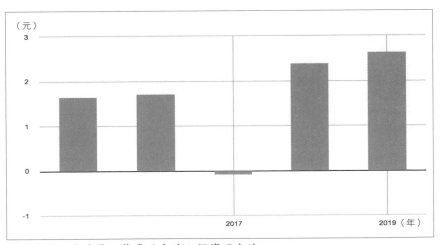

註：自由現金流量＝營業現金流＋投資現金流。

19. 合庫金（5880）

代號	5880	市場上市／上櫃	上市
名稱	合庫金	成立年數	8
股本（億元）	1,295	上市年數	8
股價（元）	**20.1**	董事長	雷仲達
產業別	金控業	銷售區域	無
主要業務	金融控股公司業。		
老牛簡評	合庫金是存股族最愛的官股金控，獲利一樣穩定成長；此外，與玉山金同屬為「有吃又有拿」的金融股，也就是除了會發現金股利，也會發放股票股利。 2020 年上半年因為疫情影響，合庫金的稅後淨利較 2019 年同期下滑 5.21%。 在第三章中提過我對合庫金的評價，目前合庫金仍是我長期投資的金身不倒股。		

註：若股本小於 30 億元，屬於中小型股。

● 營收比重變化

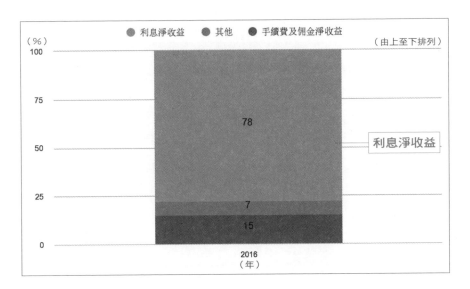

● 近 5 年獲利數據

發放年度	營收（億元）	淨利（億元）	EPS（元）	ROE（%）
2015	383	131	1.22	7.72
2016	426	138	1.16	7.27
2017	466	143	1.17	7.28
2018	469	156	1.24	7.66
2019	491	172	1.33	8.02
平　均	447	148	1.22	7.59

股海老牛最新抱緊股名單，殖利率上看 8%

● **近 5 年股利發放**

發放年度	現金股利（元）	盈餘發放率（%）	平均殖利率（%）
\multicolumn{4}{c}{連續 9 年配發股利，合計 9.3 元。}
2016	0.3	24.6	2.13
2017	0.75	64.7	4.78
2018	0.75	64.1	4.25
2019	0.75	60.5	3.73
2020	0.85	63.9	4.18
平　均	0.68	55.6	3.81

● **股利價值線**

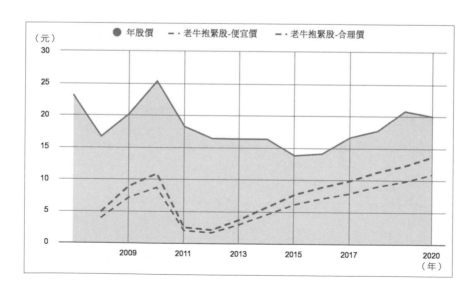

（5880）
合庫金

● **本益比河流圖**

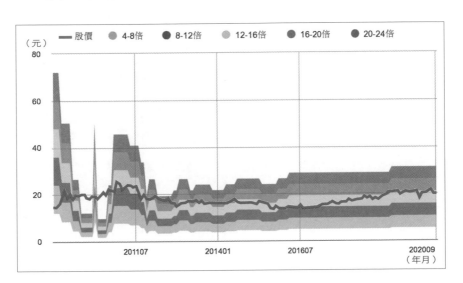

● **近 5 年每股自由現金流**

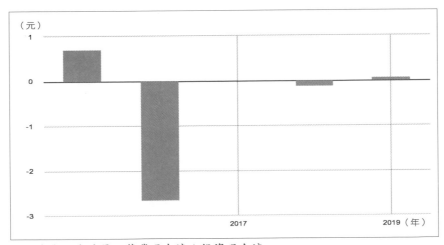

註：自由現金流量＝營業現金流＋投資現金流。

20. 櫻花（9911）

代號	9911	市場上市／上櫃	上市
名稱	櫻花	成立年數	31
股本（億元）	22.1	上市年數	27
股價（元）	**47.75**	董事長	張永杰
產業別	其他業	銷售區域	臺灣 90.3%、中國含香港 8.2%、其他 1.6%
主要業務	除油煙機、瓦斯爐、熱水器、系統廚具。		
老牛簡評	櫻花在努力經營下，每年穩定售出超過 150 萬臺廚衛電器，創造出驚人的滲透率——全臺灣七成的家庭中，至少有一臺櫻花品牌的廚衛電器！ 此公司以雙品牌策略合擊進攻中高價位市場：「莊頭北」主攻平價消費市場，不斷積極搶攻市占率；而「櫻花」主攻中價位消費市場，以提升獲利品質轉戰中高價位市場。 目前櫻花仍維持本益比低、高殖利率的特性，為適合投資人入手的生活概念股。		

掃描看更多評論

註：若股本小於 30 億元，屬於中小型股。

● 營收比重變化

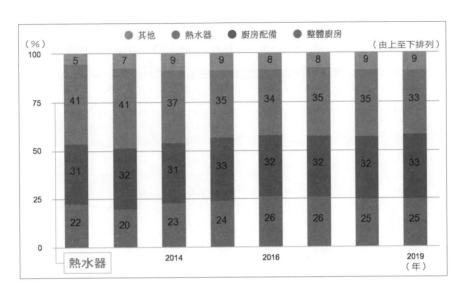

● 近 5 年獲利數據

發放年度	營收（億元）	淨利（億元）	EPS（元）	ROE（％）
2015	51.5	5.17	1.89	12.3
2016	56	7.01	2.75	17
2017	56.4	7.2	3.29	17.7
2018	59.9	8	3.65	18.8
2019	63	8.89	4.06	19.6
平　均	57.36	7.25	3.13	17.08

櫻花（9911）

● 近 5 年股利發放

發放年度	現金股利（元）	盈餘發放率（%）	平均殖利率（%）
\multicolumn{4}{l}{連續 13 年配發股利，合計 17.7 元。}
2016	1.3	68.8	4.69
2017	2.5	90.9	6.87
2018	2.6	79	6.93
2019	2.65	72.6	6.06
2020	2.65	65.3	5.69
平　均	2.34	75.32	6.05

● 股利價值線

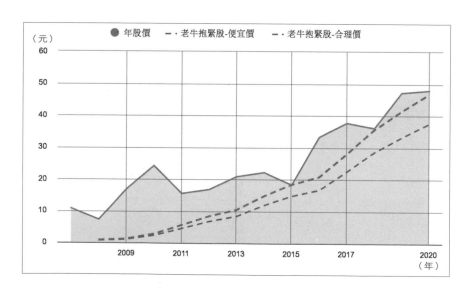

櫻花（9911）

• 本益比河流圖

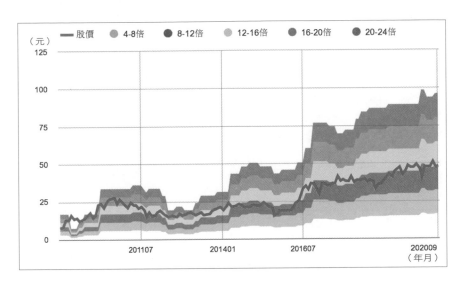

• 近 5 年每股自由現金流

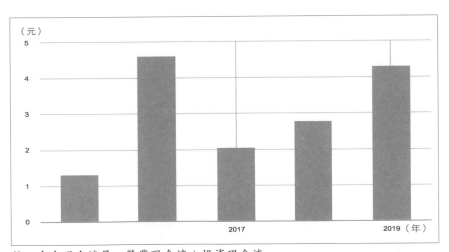

註：自由現金流量＝營業現金流＋投資現金流。

Biz 341

股海老牛最新抱緊股名單，殖利率上看 8%
高殖利率股、金身不倒股、步步高升股、落難龍頭股，跟著老牛緊緊抱，提早財富自由

作　　者／股海老牛
責任編輯／張慈婷
校對編輯／劉宗德
美術編輯／張皓婷
副總編輯／顏惠君
總 編 輯／吳依瑋
發 行 人／徐仲秋
會　　計／許鳳雪、陳嬅娟
版權經理／郝麗珍
行銷企劃／徐千晴、周以婷
業務助理／王德渝
業務專員／馬絮盈、留婉茹
業務經理／林裕安
總 經 理／陳絜吾

國家圖書館出版品預行編目（CIP）資料

股海老牛最新抱緊股名單，殖利率上看 8%：高殖利率股、金身不倒股、步步高升股、落難龍頭股，跟著老牛緊緊抱，提早財富自由／股海老牛著 . -- 初版 . --臺北市：大是文化，2020.11
288 面；17×23 公分 .--（Biz；341）
ISBN 978-986-5548-15-5（平裝）

1. 股票投資　2. 投資分析　3. 證券市場

563.53　　　　　　　　　　　　　109013137

出 版 者／大是文化有限公司
　　　　　臺北市 100 衡陽路 7 號 8 樓
　　　　　編輯部電話：（02）23757911
　　　　　購書相關資訊請洽：（02）23757911 分機 122
　　　　　24 小時讀者服務傳真：（02）23756999
　　　　　讀者服務 E-mail：haom@ms28.hinet.net
郵政劃撥帳號／ 19983366　戶名／大是文化有限公司

法律顧問／永然聯合法律事務所
香港發行／豐達出版發行有限公司
　　　　　Rich Publishing & Distribution Ltd
　　　　　香港柴灣永泰道 70 號柴灣工業城第 2 期 1805 室
　　　　　Unit 1805, Ph.2, Chai Wan Ind City, 70 Wing Tai Rd, Chai Wan, Hong Kong
　　　　　Tel：2172-6513　Fax：2172-4355　E-mail：cary@subseasy.com.hk

封面設計／林雯瑛
內頁排版／顏麟驊
印　　刷／鴻霖印刷傳媒股份有限公司

出版日期／2020 年 11 月初版
　　　　　2020 年 11 月初版 2 刷
定　　價／新臺幣 399 元
I S B N　978-986-5548-15-5